現代思潮における統一原理の価値

その今日的検証

The Value of Divine Principle

佐藤良夫

光言社

はじめに

人倫の基本となる思想体系

四半世紀ほど前になるが、私は世界基督教統一神霊協会の基本理念である「統一原理」を知り、これこそ、この混迷した人類の中に、人倫の基本となる思想体系であり、まさに「朝に道を聞かば夕べに死すとも可なり」という感動を覚えた。

統一原理はユダヤ教、キリスト教という一神教の流れを受け継ぎ、これを大きく改革したもので、改訂キリスト教（revised Christianity）とでも言えば、一般概念としては最も適切な説明になると思われる。

この統一原理は一つの宗教教理というより、もっと根本的な全人類的な思想であり、永遠にわたって人倫の基を築く一大思想体系であり、おそらく、やがて全人類がこの教えのもとに生きる日が来るに違いないと私は確信している。

それにもかかわらず、残念だが、特に一部マスコミ関係の世界基督教統一神霊協会（通称、統一教会）に対する対応の仕方や取り上げ方は、あまりにも浅薄かつ軽薄で苦々しく思うことが多い。また、一部の偏向した弁護士や反対派の教派の牧師などの反対があるのも承知している。

今までは、それほど多くの人々の関心の対象でもなかったようだし、世間で何と言われようと、私は自分の信ずる道を行けばよいと思っていた。しかし、最近、改めてその誤解を晴らさないで見過ごすのは、まさに「義を見てせざるは勇無きなり」であると思い至り、筆を執った次第である。

ただ、ペンネームでの著述であることをあらかじめお断りしておかねばならない。それは、自分の専門に関すること以外のことについて論述するからであり、また、世間には前述のような無理解、反対も存在しているからである。この点、読者諸氏のご理解が得られればありがたい。

人生の意義に対する答えがある

私自身は、応用数学を基本とする情報科学とでも言える分野で、大学で教鞭を執っていた者であり、思想とか宗教とかとは全く専門の違う、一介の名誉教授にすぎない。しかし、真理を探究する一人の人間として、人間が如何に生きるべきであり、人生の意義は何であるかについて、常に思いを馳せて生きてきたつもりである。この人生の問いに対する答えが統一原理の中にあるが故に、黙っていられなくなったとも言えよう。私の中にはまだ、孟子が言ったように、「自ら省みて正しいと思ったら、千万人が反対しても、その道を行く」という勇気は残っているつもりである。

特に私は、私が属する世代の日本のインテリ階級の方々に、この統一原理の思想を真剣に考えていただきたいと思う。我々の世代は青少年期に、いわゆる軍国主義、国粋主義の教育を受け、天皇に忠誠を尽くし、国家のために献身することを目標として情熱を傾けて生きていた。しかし、第二次世界大戦の敗戦で、一挙に自由主義、近代合理主義の思想的洗礼を受けた。封建的思想から解放され、科学的、合理的に物事を考え、個人の自由を尊重し、民主的に物事を解決していけば万事好都合にいくという思想が横溢した。しかし、果たして、これによって素晴らしい世の中が生まれたであろうか。確かに物質的には豊かな日本になったが、日本の現状は、この生を心から喜びをもって「YES」と肯定するにはあまりにも程遠い姿をしている。

むろん、これは日本に限ったことではない。全世界的に現在、まさに大きな思想的転換期に来ている。近代合理主義に基づく、自由尊重の民主主義思想こそ人類を幸福に導くものだという従来の通念が、現在あちこちで音を立てて崩れ始め、世界が思想的混乱期に入っていると言える。

統一原理の今日的意義

統一原理の思想は、まさにこのような時の流れを得て生まれたのである。そしてこの思想こそ従来の自由社会の通念や、すでに崩壊したマルキシズムに取って代わるもの、あるいはそれらを包括した、人類救済の一大思想体系なのであり、人類の生をその根底から見直す一種の精神革命である。そして、それは今や周知の韓国の生んだ偉大な指導者、文鮮明師によって創始されたものである。

統一原理の骨子は、『原理講論』という六百ページほどの本にまとめられている。これは文鮮明師の講話を、ソウル大学出身の聡明な思想家、劉孝元氏がまとめたものである。また、これに基づく教会内の講師たちによる講演ビデオや解説書、また文師自身の講演記録である『み言集』など、今や厖大な書籍になっている。また、統一原理を解説してある解説書などもすでに出ている。

しかし、私はごく一般の市民として、統一原理を客観的に外側から眺め、他の多くの思想と比較したり、現代の風潮などとの関連も含めて述べてみたい。そのため統一原理の忠実な紹介というよりは、かなり私見を伴うかもしれないことをお断りしておきたい。もしこれに興味を惹かれた方々には、統一原理そのものを詳しく述べた『原理講論』などを読んでいただきたい。

佐藤良夫

二〇〇七年八月二十日

現代思潮における統一原理の価値

目次

第一章　統一教会の価値観

神中心の価値観

考えてみると、統一原理を信奉して集った統一教会の人々が、一部マスコミなどから非難中傷を受ける根本原因は、統一教会の価値観と世間一般の価値観とが根本的に違っていることにあると思われる。前者は永遠の生命を得ること、つまり神を知ることを唯一の目的として生きているのに対して、後者はこの世で楽しく幸福な生活をすることを目的としている。むろん統一原理も平和で幸福に生きることを否定しないが、人類はこのままでは、つまり神なしでは、決して真の平和も真の幸福も得られないことを確信しているから、人々がまず神につながることを目指すのである。

文鮮明師はこう語る。

私たちは、何が人間を幸福にしてくれるかに対する知識を持たなければなりません。真なる知識とは、神のみ意を知ることです。（九五年八月二十二日説教）

文師の語る幸福観、平和観は明確であり、シンプルであり、いついかなる時も、神なしの幸福も平和もあり得ないことを説いている。

歴史以来、どれほど人間たちは平和な世界を叫んだことでしょうか。平和を願わない人はいないのです。今までそうしてきたにもかかわらず、それが成されないのは、神様がわからないからです。神様を無視してきたからなのです。神様を除いて、今まで人間同士でこれが可能だと考えてきたのです。（九三年一月一日説教）

こうした文師の神中心の価値観は、ご自身の深い体験に根ざしたものである。

真の愛で、神様に触れた場合には、電気ショックを受けたように強烈な衝撃があります。それは、我を忘れて踊り狂うくらいの力があります。体中の細胞が歓喜し躍動します。……ここで、永遠に過ごしたいと思うような幸福感がそこにはあります。（九六年四月十八日説教）

文師の思想体系は、単に師の頭で考え出された神学ではない。生きた神と出会った実体験がまず先にあり、その体験に基づいて構築された神学なのである。文師の行動の基準は非常にシンプルであって、神の愛と神の意志にのみ従うことで貫かれている。これが時には、世間一般の常識や価値観と摩擦を生む原因となっているのではなかろうか。

凡人は目に見える世界に拘泥しようとするが、宗教開祖たちは目に見えない世界を見ている。凡人にとって、彼らは狂人であり、愚か者であり、時には唾棄すべき存在となってきたのである。キリスト教の開祖イエス・キリストも、この点は同じであった。

イエスの時代と統一教会

イエスは「地上に平和をもたらすために、わたしがきたと思うな。平和ではなく、つるぎを投げ込むためにきたのである」（マタイ一〇・三四〜）と言った。また「親や兄弟を捨ててても私に従ってきなさい」とも言っている。つまりイエスは人々が真に神を知るためには多くの犠牲が伴うことを予告していたのである。もっと激しい主張もある。父親が亡くなったので、その葬式を済ませてからお供しますと言った弟子に対して「わたしに従ってきなさい。そして、その死人を葬ることは、死人に任せておくがよい」（マタイ八・二二）と言ったのである。これは世間の常識から見れば、全くひどい話である。最初の「死人」は明らかに死んだ父親を指すが、次の「死人」は世間一般の人々を指すのである。イエスにとって神につながっていない人は、肉体的には生きていても、霊的には死人に見えるのである。

以上の言葉だけを見れば、イエスは世間一般をわざと敵に回しているのではないかと思えなくもない。しかしそうではない。彼は文師と同様に、我々凡人が見えない世界を見ていて、神の深い世界と常に交流をしていた。そしてそこで得た実体験から学んだ価値観にのみ従う方であったのである。世俗的価値観を優先する者にとって、イエスは目障りな存在になることは明らかであった。イエスもそのことを知り抜いていたのである。

当時の一般の人々にとって、イエスという人物はどう見えただろうか。売春婦とか取税人とか世の中からつまはじきされたような人々を従え、街角で辻説法を繰り返し、「狐には穴があり、空の鳥には巣がある。しかし、人の子には枕するところがない」とご自身で言われたとおり、おそらくは連日連夜、野宿のような生活を繰り返しておられたに違いない。ナザレという田舎からの出身で、一介の大工の子せがれで、しかも私生児であり、社会的には何の基盤もない浮浪人。要するに訳のわからない、いかがわしい、怪しげな人物と思われても仕方がなかったと言えよう。しかし、そのイエスの言葉に純真な多くの若者たちが感動し、付き従っていったのである。世の大人たちは何とかして若者がイエスのもとに走るのを食い止めようとしたに違いない。あんないかがわしいグループに入ったら、息子はどうなるかわからない。あのイエスという人間の言うことだけは信じてはならないと。

これはあまりにも今の統一教会と世間一般との関係に似ている。統一教会の大学生の組織に原理研究会というのがあるが、四十年ほど前から、この原理研究会に入ろうとする学生と、それを引き留めようとする親たちの軋轢が、今に至るまで続いている。一九六七年当時、「親泣かせ原理運動」と言われマスコミを騒がしたものである。

価値観の転換

統一教会に反対する人々が主張するように、この統一原理はでたらめであり、統一教会は豊田商事のような悪徳商法を続ける悪辣な団体というなら、どうしてこの教会が半世紀以上も続いているばかりでなく、この間、日々発展して、今や世界的に拡大しているのだろうか。この間、マスコミからはあれだけ悪口を言われながら、この統一原理を聞いて次々に新しい信者が感動して入教してくるのはどうしてだろうか。しかも、この教会の人々は純粋で真面目で献身的に、一心不乱に活動している人々である。この点は反対する人々自身も認めているところである。

反対する人々は、純粋な若者が洗脳されているとか、マインドコントロールされているなどと言うが、信仰という心の働きは、神の心を知って感動し、今までの人生観が根底から変わることである。そういう意味では一種の洗脳と言っても、あながち間違いではないのかもしれない。

しかし、反対する人々が常々主張している「純粋な青年たちが、その純粋性ゆえに騙され、洗脳されてしまう」という指摘は、私の見るところ当たっていない。むしろ真実は、統一原理の教えによって、彼らは真面目さと純真さを保っているのである。統一教会に来なければ、多くは世間一般の青年男女のように、人生を懐疑し、刹那的な快楽に身をゆだねる存在になっていたのかもしれない。

統一教会員の話を聞いてみると、劇的な宗教体験を経験している人が多いように思う。キリスト教徒の言う一種の聖霊体験のようなものであろう。前述の文師のように、神と人格的な交流を体験する。自分中心に生きてきたこれまでの人生を反省し、神を中心とした人生へと大転換をはかる。まさに回心である。一八〇度生き方が変わってしまうのである。

思えば、キリスト教の歴史を少しひもとけば、ほとんどの指導者たちは回心の体験を持っている。パウロしかり、アウグスティヌスしかり、ルターやクロムウェルもしかりである。彼らは、神の意思にのみ従う人生を送る決意をし、それを実行した人々であった。文師も統一教会の信徒たちも、摩訶不思議な人々なのではなく、神のために人生を捧げる人々なのであり、その意味では最もキリスト教的伝統に連なる人々なのである。

キリスト教の賛美歌の中にも、「主を仰ぎ見れば　古きわれは、うつし世と共に　速《と》く去りゆき、我ならぬわれの　あらわれきて、見ずや天地《あめつち》ぞ　あらたまれる」とある。

古い自分が去って新しい自分が生まれる。つまり新生であり、うつし世、つまり現実世界の価値観がなくなってしまう、つまり価値観が転換して、世界が変わって見えてくるのである。神のために人生を捧げようと決意した統一教会の青年たちを洗脳者呼ばわりするならば、二千年続いた世界中のキリスト教の信者も、洗脳された者としなければならないだろう。

迫害の中でも発展

こうした信仰者に対して、世間一般がいかに根拠のない理由によって、迫害を続け、世の中から追い払い抹殺しようとしたかは、まさに人類の歴史が示している。イエス自身がまず既成ユダヤ教の長老たちや、彼らによって扇動された一般民衆によってついに極悪人として、十字架の極刑に処せられた。そればかりでなく、イエスを信じた弟子のペテロやパウロをはじめとした多くの信仰者たちのほとんどが、十字架にかかり、火あぶりに遭い、猛獣の餌食にされるという悲惨な迫害に遭っている。

イエスを信ずる信仰者たちは、当時、世間からは反社会的ないかがわしい団体と見られ、人々の目を避け、穴ぐらに集まってその教えを伝えていたのである。こうしてキリスト教は世間からつまはじきにされ、迫害された集団であったが、それにもかかわらず信者たちの決死の伝道によって、少しずつその信者を増やし、三百年後に、やっとコンスタンチヌス帝によって正統な宗教となり、日の目を見たのである。

こうして人類の歴史を見ると、真の信仰者に対して世間がいかに根拠のない理由によって迫害を行い、抹殺しようとしてきたか。またそれにもかかわらず、その迫害をはねのけ、ついには真の信仰者の力が勝利を収めたことになったかがわかる。統一教会への迫害も然りであり、またそれにもかかわらず日々発展していく現状も、まさにこの歴史の法則に則っていると言えるだろう。

文師はこう語っている。

天の法則は、もしあなたが間違っていないのに、他の人から迫害され、攻撃されるならば、あなたは多くの祝福を受けるでしょう。（七七年四月一日説教）

これが長年、迫害の嵐の中を生き続けてきた文師の信念である。つらく長い迫害の冬の期間においてこそ、宗教的信念は強固に鍛え上げられるものである。

どれほど寒い冬が襲ったとしても、種子だけが春を迎えるのです。そしてこの厳しい冬が種子を鍛え上げる唯一の助けになるのです。（七七年九月十一日説教）

キリスト教の初期と同様、統一教会もこれまで迫害を受け続けてきた。しかし、迫害を受けるたびに、大きく発展してきたことは、紛れもない事実なのである。

反対が強ければ強いほど、それだけ大きな同志を神は送ってくださった。……私は迫害は甘美なものだという秘密も学びました。正しい心でそれを耐えると戦わずして、常により多くの同志をかち取ることができるからです。（八〇年二月二十一日説教）

と文師が述べているように、統一教会は迫害の中で同志を増やし、発展してきたのである。

日本では、「統一教会は反社会的団体である」というレッテルがほぼ定着したかに思われる中、この教えに感動し、それを受け入れて入教する人々も急速に増えつつある。一九九二年には三万組、一九九五年には三十六万組のカップルが文師夫妻の祝福を受け、合同結婚式を挙げたし、一九九七年には何と三百六十万組の祝福が挙行されている。最近は特に、台湾、フィリピン、ニュージーランド、カナダ、ロシア、南米諸国などにこの思想は急速に広がっている。一九九六年七月には、ワシントンで文師の提案する「世界平和家庭連合」の創設大会があり、それにはフォード、ブッシュ元大統領をはじめ、政界、宗教界、芸能界の大物が列席し、賛同のスピーチをしている。それに対して、日本では残念ながら文師の入国すら許可されていないのである。

その後、祝福結婚は世界中で四億組にまで拡大している。

第二章　人間のエゴ

人倫の基本を示す思想

統一教会の価値観と世間一般の常識の価値観との大きな相違があることが、統一教会が不評を受ける根本原因であることを述べてきた。そもそも統一原理は、人間というものをどのように認識しているのであろうか。

統一原理は、ユダヤ教、キリスト教の流れを継ぐものと言ったが、これは単に一つの宗教、あそこにもここにもある宗教教理の一つというものではなく、人間存在の根本を解明し、人倫の基本を示す絶対的な思想、永遠の真理であると私は確信している。現代はすべてに価値が相対化されていて、あれもいいこれもいい、こんな生き方も一つの生き方、というふうに一見寛容な考えがまかり通っている。しかし絶対的でないもの、永遠でないいものはやがて空しい虚無に終わるだろう。これは学問でも、芸術でも、スポーツにすら当てはまる。

Knowledge is enlightenment to God. ということが、ギリシャの昔から言われている。「学問は神に至る自己啓発である」とでも訳せばよいが、ここで神とは永遠とか理想を示すと言えばよいだろう。数学者の岡潔氏も「理想へ向かうのでなければ、数学は遊戯にすぎない」と言っている。聖書の箴言に「主（神）を恐れることは知識のはじめである」（一・七）とあるが、これも同様に、絶対なるものへの帰依と畏れなしに、人間存在の意味はあり得ないことを教えた言葉であろう。

エゴは諸悪の根源

さて、統一原理の根本は意外に単純である。統一原理は、まず神中心の人間観・宇宙観を説く。その神の本質は愛であると教える。一口に言えば、〝愛〟そのものなのである。これは何も特別なことではなく、キリスト教をはじめ多くの宗教の主張するところである。

しかし、現代では「愛」とはあまりにも言い古された空疎な言葉になってしまった。現代人には、そのアンチテーゼである〝エゴ〟を暴き開示したほうがよい。エゴイズムこそ人類の病理であり、諸悪の根源であり、その痛みを知って初めて、愛の貴さがわかるだろう。エゴとはつまり、我に対する執着つまり我執である。釈尊も「人生は苦であり、そしてその原因は我執である」と断言している。仏教は、その我執から人間を解放する教えであると言っても過言ではない。

近所付き合いでも、親戚付き合いでも、エゴに関係のないところでは和気あいあいとしているが、いざお互いのエゴの触れ合う接点にくれば、たちまち平和は崩れ紛争が始まる。見ようによっては人間関係のうち夫婦が最も憎み合っていると言える。これは絶えず顔を付き合わせ、一緒に生活しているから、エゴの隠しようがなくなり、エゴが丸出しになるからである。

心理学者フロイトは、こうした状態を「やまあらしジレンマ」という例えを用いて説明している。ある寒い日、やまあらしのカップルが、お互いを暖め合おうと近づいてくる。しかし、近づけば近づくほど、自分たちの刺でお互いを傷つけてしまうという。

この例えにあるように、憎悪や怨念は、夫婦や親子、兄弟などの親しい間柄で生ずるものである。大恋愛で、この人でなければ絶対駄目だと言って結婚し、一年もたたないうちに離婚してしまう夫婦の話を、近ごろよく聞く。本人たちは性格の不一致とかを理由にするが、実は婚前には表に現れなかったエゴが、一緒に生活するうちにむき出しになるからにほかならない。

夏目漱石の『こころ』に見るエゴ

普段は紳士然として、人の和や愛を説いている人でも、いざとなるとエゴが頭をもたげてくる。この人間のエゴの病理を見事に表現した小説に夏目漱石の『こころ』というのがある。これはあまりにも有名な小説であるが、簡単にその筋書きを言っておこう。

この小説は、ある人物の遺書が中心である。この中で「私」と書かれているその人物は、教養も学識も高く、繊細で細やかな心を持ち、友人にも思いやりの心を深く持っている。少なくとも客観的には、申し分のない立派な紳士である。

「私」は学生の時、ある下宿にいたが、そこのお嬢さんに心が惹かれ、お嬢さん自身もその母親も「私」を快く思っている。「私」の親友でKという人物がいた。Kは僧侶の家に生まれ、無骨で純真でひたむきな性格。人生を魂の修行、精神的向上の場と心得て、一心不乱に勉学にいそしんでいるが、ちょうど経済的にひどく困窮していて、「私」はKを少しでも経済的に助けたいという思いやりから、自分の下宿で一緒に暮らすように誘う。

Kはその人生観からして、女性などには見向きもせず、むしろ軽蔑の対象としていたくらいだったが、その下宿のお嬢さんの美しさに惹かれ、恋の虜になる。その悶々たる思いの中から、ついにKは親友たる「私」にその思いを打ち明ける。「私」はギョッとする。人間はどうでもよい問題では、他人にも思いやりや親切心を持つが、ひとたび自分の一番大切なものを侵害されそうになると、そのエゴの牙をむき出しにする。

「私」はKが恋の虜になるというようなことは、その信念である精神的向上心に反するという後ろめたさを持っていることにつけ込んで、「精神的向上心のない者は馬鹿だ」と罵倒する。無二の親友から、自分の最も痛いところを罵倒されたKは、すっかり自信を失っていくが、「私」はさらに残酷にも、その後すぐに、お嬢さんの母親に「お嬢さんをお嫁に下さい」と申し込むのである。お嬢さんはむろん承知するが、何も知らない母親は、そのことをKにも話してしまう。この二重の打撃でついにKは自殺をしてしまう。「自分は薄志弱行の人間でとうてい将来に望みがない」という遺書を残して。

その後、「私」は首尾よくお嬢さんと結婚することになるが、しかし、「私」の心は、いわゆる罪の意識にさいなまれ、少しも休むところを知らない。愛の中には精神の安らぎがあるが、エゴにはいらだちと不安がつきまとう。こうして精神的に疲れ切った「私」自身もついに自殺をしてしまうのである。

漱石はこの小説の中で、この主人公に「恋愛は罪悪である」と言わせている。恋愛は最も甘美に男女を誘惑するが、同時にエゴの極致が含まれている。統一原理は男女の愛を最も重要視するが、それはエゴから自由な、神のもとでの愛によって結ばれるものでなければならない。

エゴで成り立つ社会

こうして、エゴは自分だけを愛し、自分だけを大切にする心であるが、まことに不思議なことに、その結果は周りや他者を害するだけでなく、ついには自分自身をすら破滅させるのである。

エゴとエゴのぶつかり合いによって、この世の中にどんな大きな不幸がもたらされるかは、どんな人でも自分の身の回りを少しでも眺めてみれば気がつくはずである。しかし、多くの人々はその責任を自分のエゴの中に見ないで、外に転嫁する。政治が悪い、社会が悪い、制度が悪いと。そしてエゴを何とか弁護しようとする。家族や会社のために自分を犠牲にするなんて愚の骨頂、エゴを捨てたら生きていけない、サバイバルのためにはエゴもやむを得ない、何よりも個人の権利が一番大切、個人は尊重されるべきだ等々。

そして最後にはこう言う。人間の本音はエゴで成り立っている。愛などというきれいごとでは済まされない。しかし愛を説くことはきれいごとだろうか？　イエスは他者のための犠牲の愛を主張し、当時のユダヤ教の人々の宗教的エゴと闘って、ついにこの地上では、彼らの反対に遭って、十字架の極刑に処せられたのである。この地上では愛を説くことは決してきれいごとなどと言って済まされるものではなく、本人にとっては決死の覚悟が必要なのである。なぜなら愛は本来神のものであり、神中心の価値観を前提とするため、世俗的価値観と敵対関係になることがあるからである。

つまり、愛は本来絶対的な他者主義であるため、いざという時、相手のために犠牲になれるかということが常に問われている。夫を愛するということは、いざという時、夫のために死ねるかということであり、親を愛するということは、親のために死ねるかが問われる。人類を愛するということは、人類のために死ねるかが問題となる。このように、愛とは他者を絶対的に優先する精神であるために、本来決死の覚悟が必要なのである。

しかし現実の社会では、一人一人のエゴが集まって、組織のエゴ、地域エゴ、企業エゴ、民族エゴ、国家エゴといったグループのエゴに成長する。会社に勤めている人なら、課同士の争い、部同士の争い、策略、陰謀、汚職、背任等々。こうしたどろどろした現象をいやと言うほど見せつけられているに違いない。テレビや新聞で報道されているのは、ほんの氷山の一角にすぎない。

それほどでなくても、社会に存続するほとんどすべての組織体は、自己安泰、つまりサバイバルというエゴイズムを基盤として動いていると言っても過言ではない。そうでなければ現代社会では生きていけないのである。理想とか大義とかいう大きな目標を持っている組織体というものは皆無と言ってよいだろう。青年に生き甲斐を持てと言っても無理な話である。

いわゆる脱サラ人種はこうした社会に愛想をつかしたり、嫌になったりということが大きな動機になっているに違いない。こうしたことは現在に限ったことでない。かつても、一般社会から孤立した集団をつくり、その中でのみ相互信頼と相互愛を基盤とした自給自足の村を山林の中につくろうとした試みも何度かあったことがある。しかし、これらはいずれも長続きせず成功していない。

エゴを断固として否定

キリスト教でいう原罪、つまり人は生まれながらにして罪を背負っているという思想は、「人は生まれながらにしてエゴイストである」と言い換えてもよいかもしれない。仏教でいう〝業〟とは、まさにエゴのことである。このように人間は、ほとんどがエゴに毒されているのである。これを取り払わない限り、どんなに平和を唱えても、戦争をなくせと騒いでも、人類の中に真の幸福は来ないことは人類の歴史が示している。マルキシズムが崩壊し、現代合理主義によっても真の幸福が得られないのは、このエゴを不問に付して、外的な面だけで人間を処理しようとしたからであろう。

統一教会では、このエゴをあらゆる言い訳なしに、断固として否定する。このエゴこそが悪の元凶であり、人類の存在を危うくするものであることを徹底的に認識しているからである。文師は次のように語る。

悪なる世界の特徴は、自己を絶対的に思う自己中心主義です。神の国の主流は、地上世界の主流とは反対なのです。全体が中心に尽くす、ために生きる世界なのです。(九一年三月三日説教)

キリスト教でも仏教でも、エゴの害とその克服の重要なことは説いているが、統一原理ではこれらの教えより、より深くエゴの原因とその克服法を説き、同時にその克服のための実践的訓練を行うのである。統一教会の教えは、自分の中に巣食っているこのエゴの思いを深く反省し、それを克服するように絶えず訓練することであると言ってもよい。

エゴ克服の訓練

私は先にも述べたように、大学に奉職していた関係上、統一教会の大学生団体である原理研究会（原研）の学生たちと接触することが多かったが、彼らの毎日の生活は本当に厳しいものである。一般の学生と同様に授業に出席し、試験を受け、学業に専心することはもちろんであるが、彼らは寮で団体生活をしており、朝は早くから礼拝があって、神に祈り、その日一日の心構えが話され、朝食後は通学するが、授業が終わったら、夕食後は伝道に出かける。友人の学生の寮や下宿を回って伝道し、疲れて帰ってきてから、予習復習をし、お祈りをして就寝するのが午前二時過ぎになることもあるという。

さらに問題は夏休みや冬休みである。例えば冬休みになったら、多くの学生はスキーに行くなり、喫茶店で恋人と話し合ったり、あるいは故郷に帰って家族との団らんに興じたり、楽しみがいっぱい待っている。むろんアルバイトをする学生もいるが、目的は遊びに行ったり、ＣＤを買ったりする資金をつくりたいためである。このように、今の日本にはエゴを甘やかす甘い蜜がいっぱい満たされているのである。

しかし原研の学生たちは、厳しい訓練を行う。正月の最中のほぼ二週間、時には、マイクロバスに寝泊まりして、各家庭を訪問して、様々な品物を売り歩くのである。売り上げの一部を宣教活動やボランティアなどに使う。このことについてはあとでまた詳しく述べることになろうが、寒さや眠気や疲労との闘いという肉体的苦痛だけでなく、うるさがられ、嫌がられ、邪魔者扱いされるという精神的苦痛を克服せねばならない。「うるさい」などと怒鳴られても、何を言われても、相手に対して頭を低くたれ「どうぞ、買ってください」とこい願わねばならない。これはつまりエゴの否定の訓練である。

宮沢賢治の句の中に「みんなにでくの坊と言われる。そういう人に私はなりたい」という下りがあるが、その中にエゴの否定によって愛の心を得たいという強い欲求が見られる。皆から称賛され、エゴが甘やかされるより、皆からないがしろにされ、エゴが否定されるほうがよっぽどいいということを賢治は知っていたに違いない。

文師は時に、信者を過酷な環境に追い込んで訓練する。エゴを克服して、神の愛の世界に至る最良の近道であることを知っているからなのであろう。世間一般が批判するように、自己の生活のために信者に過酷な労働を強いているのではないことは、次の言葉からも明らかである。

レバレンド・ムーンが善い先生であるかどうかということは、何で決まるかといえば、統一教会のメンバーを働かせて、自分一人だけが楽に生きようとしたら、それは悪魔の使いです。しかし、統一教会のメンバーよりももっと苦労しようとして先頭に立つならば、神様の使いであり、神様が送ってくださった方であると思いなさい。(八四年五月一日説教)

統一教会の信者たちが、いくら苦労してもそれを感謝できるのは、文師がもっと苦労している姿を見て、知っているからである。だからこそ、神が遣わした善き指導者として文師を受け入れているのである。エゴを克服するために、文師の厳しい訓練が必要であることを理解したために、喜んで苦労の道を選んでゆくのである。

苦労して人間ができてくる

日本でも昔から「苦労した人は人間ができてくる」という通念がある。「かわいい子には旅をさせよ」という教訓もある。一時有名になった「おしん」というテレビドラマの主人公は、幼いころから他人の家に奉公に行く。他人の家で寝泊まりするから、わがままが通らない。たとえ自分の嫌いな食べ物でも喜んで食べねばならない。プライバシーなどという贅沢なことは言っていられないし、ご主人から無理難題を言われても、自分を捨ててひたすらご主人のために働く、これが奉公である。

さてこうして苦労した人は、どうして「人間ができる」のだろうか。その理由は簡単である。この苦労によってエゴが否定され克服される。その分だけ愛の心が芽生えるのである。愛とエゴとは反比例の関係にあり、エゴがなくなればそこに必ず愛が生まれる。

自分を犠牲にしても他のために尽くせという教えは、ここから来ている。自分を犠牲にして、つまりエゴを否定することによって、たとえ無理やりにでも愛の心を引き起こすのである。このぐらいにしなければ、人間というものは、自分を甘やかしエゴの虜になる。そんなにも深くエゴに毒されている存在である。むろん本当の愛は、決して自分を犠牲にするといった意識はないし、苦労もない。親が子を愛する心は、まさに本来の愛の心である。こういう愛は、愛すること自身が喜びである。

しかし人間は、神から頂いたその本来の愛の心をすっかり失ってしまっているのである。現代は特に愛の冷えた時代である。かろうじて、子に対する親の心の中に残っているにすぎない。その心も近ごろは大分怪しくなってきた。だからこそ統一原理が主張するような厳しい訓練が必要となるのである。

人間の偉大さ

人間の偉大さは、こうしたエゴを克服できるかどうかにかかっていると言えよう。

偉大ということは、利他的である時にいつも言えるのです。自己中心の目的のために生きている人間は、決して偉大どころか勇敢にも、強くもなることはできません。他のために無私の動機で生きる人間のみが強い人間であり、偉大な人間です。（七七年六月説教）

という文師の言葉があるが、厳しい訓練や過酷な環境は、エゴを克服し無私なる精神を培う上で、避けて通ることのできない道なのである。

原研の学生たちは、このような訓練を日々受けている。はじめ私は、一般の学生とあまりにも差があるので、彼らをかわいそうに思った。もう少し何とかならないものか。せめて正月ぐらいは休ませてやってもとか、いろいろなことを考えた。事実、あまりの厳しさにやめていく学生もいた。しかしこうした訓練に耐えて三年ほどすると、人間が変わってくるのがわかる。つまり人間ができてくるのだ。心が明るく、態度がしっかりしてくる。誰が見ても凛としてすがすがしい感じがしてくる。統一教会に反対する人々も、原研の学生や教会の人々は素晴らしいと褒める。私は七十七年も生きていることになるが、人間として到底彼らにかなわない。私がもし会社の人事課長だったら、こういう青年をこそ採用したいと思うだろう。

文師の青年に対する教育哲学を紹介しよう。

私たち統一教会においては、信仰の道として三十歳前後まではできる限り、皆さんを苦労させなければならないということが先生の神学、哲学です。なぜかというと、そうすることにより豊富な心情的基盤ができるし、そういう思春期を乗り越えることによって、豊かな情的な広い世界と深い理論を持つことができれば、一生の間に偉大な仕事を成すことができるのです。（八五年二月二五日説教）

生の目的は愛の実践

ドストエフスキーの『カラマーゾフの兄弟』の中で、ゾシマ長老の遺言の中に「地獄とは、もはや愛し得ざる苦悩である」という言葉がある。人間の生の目的は愛の実践にある。神は愛であり、人間は愛の実践によって、神の心、永遠に生きる意義がわかるようになる。そのために人間は生まれたのに、その目的を見失って、愛の実践を怠り、エゴの虜となって、一生を終えて、霊界に行った時、霊界ではもはや地上におけるような愛の実践が不可能になっている。心で愛そうと思っても、その実践ができない。この苦悩こそ地獄の苦悩である。これがゾシマ長老の言わんとする意味であろう。

ある時、ラジオの講話で次のような中学生の話を聞いたことがある。A君はいつも一番で抜群の成績。B君もできるほうだが、A君ほどではない。しかし、二人は仲良しだった。二人は同じ有名校を受験したが、B君が入ってA君は落ちてしまった。A君は絶望して部屋に入って布団を頭からかぶったまま出てこない。そこへB君がやって来た。「B君が来たのよ」とお母さんに言われて、A君は「あんな奴、誰が会うものか」と思っていると、もうB君は部屋にまで来てしまった。

B君は部屋の戸を開けて、目に涙をいっぱいためて「僕だけ入ってごめんね」と言った。A君はそれを見て、初め驚いた。そして心がなごんできた。冷静になり、もし逆の立場だったらどうだろうと思うようになった。僕は果たしてB君のような態度が取れるだろうか。自分だけが有頂天になり、B君にはなるべく会わないように避けて通るだろう。やはりB君は僕より偉い。B君が入って僕が落ちたのは当然なのかもしれないと。

B君にとっては、自分が入った喜びより、A君が落ちた悲しみのほうが大きかったのだ。それが「僕だけ入ってごめんね」という言葉になって現れたのだろう。愛というものは、このように他人の悲しみがわかる心である。いじめとはまさに正反対の心根である。

第三章　人間の無知

生きる目的がわからない

人間はエゴに毒された存在であり、統一原理はこれを断固として否定し、真の愛を教えるものであると言った。人間存在のもう一つの病理は、人間が無知であるという点にある。何に対して無知かと言えば、自分自身が何のために生きているかを知らないこと、つまり人生の目的や意義に対して無知であるということである。

大学の受験勉強に駆り立てられている高校生が、ふと気づいた時、自分が何のために勉強しているのかわからないという危惧に襲われるという。大学入学が目的であることは確かだが、何のために大学に入ろうとしているかがわからないのである。だから大学に入学した途端に気が抜けてしまう。ただふわっと教室に入ってきて、魂の抜け殻のような状態で椅子に腰掛けている。こうした学生が多くなってきた。

ある受験生は学校から帰ってくると飼い猫に向かって、「お前はいいな、お前はいいな」とつぶやいているとのことである。おそらく、連日「勉強しろ、勉強しろ」と受験勉強に駆り立てられている自分に比べて、誰からも何も言われずに自由に生きていける猫がうらやましくてしょうがないのだろう。その母親も、猫をうらやましがっているようではしょうがないと、我が子をふがいなく思いながらもどうしようもない。

もう少し積極的な学生は、大学に入るのはより良い就職をするためだと思っている。しかし、それなら何のためにより良い会社に入ろうとするのか、という問いを突き詰めていくと結局、人間は何のために生きているのかという問いに突き当たる。多くの大人たちはそんなことを考えても仕方がない、「皆が大学へ行くんだ。まあ大学ぐらいは出ておくのが無難だから、受験勉強をしなさい」と言うだろう。それにおとなしく従って受験勉強をして入ってくる学生が大多数である。目的意識の欠如した彼らは、大学に入って気が抜けてしまうのである。

それなら人生の目的を真剣に問い詰めていけば、答えが得られるだろうか。藤村操という青年が「万有の真相は唯一言にてつくす、曰く『不可解』」という言葉を残して、華厳の滝に飛び込んで自殺したのは有名な話である。パスカルはパンセの中で、この問いを突き詰めると、気違いになるか、死に至るか、神に至るかのいずれかだと言っている。

無知の知

人間は何のために生きているのかがわからない存在であることを初めてはっきりと主張したのは、おそらくソクラテスであろう。パン屋は、どのようにすればおいしいパンが焼けるか、石屋は、どのように石を削れば良い石材が作れるか、ということはよく知っている。しかし、いったいそれらすべては何のためかを、つまりそれらの目的を知らない。つまり人間はこの最も根本的なことがわかっていないのだ、と彼は主張したのである。

ソクラテスが「無知の知」に至る経緯は大変興味深い。ある日、ソクラテスの仲間の一人がデルポイで、神託を受ける。今で言えば、一種の霊能者からのお告げのようなものであろう。神託の内容は「ソクラテスよりも知恵ある者はいない」というものであった。しかし、この神託はソクラテスにとっては、大変意外であった。彼の目から見て、知恵が深く有能で優れた人物が他にたくさんいるように思えたからである。

普通の人物ならば、その神託で十分満足し、傲慢不遜な態度を取り始めることだろう。

ソクラテスの偉大さは、神託の本当の意味を探ろうとしたことであった。彼は彼自身が見て、優れているという人物にことごとく面会し、彼自身の哲学的疑問をぶつけてみる。そこでわかったことは、「彼らは実は人生で最も大切なことは何もわかっていない。しかし、彼らは自分はわかっているかのように振る舞っている。私は確かに何も知らない。しかし、何も知らないということを知っている。その一点で、私は彼らよりも知恵がある」という結論だったのである。これが世に言われる「無知の知」である。

多くの人はこの無知に気づいていない。だから、せめてその無知に気づいてほしい。彼は人々に「無知を知れ」と説いて回るようになる。確かにこのソクラテスの主張は、人間存在の本質を突いている。どんな偉大な学者であろうとも、人間として本当に知らなければならないことをいったいどれほど知り尽くしているというのだろうか。

我々はなぜ生きているのか。どこに行くのか。善とは、悪とは何か。これらの本質的な疑問の前に、胸を張って解答を示すことができる者は果たしているのだろうか。「無知を知れ」という言葉は、本当に知らねばならないことに対する無知を謙虚に認め、〝真の知〟に到達しようとする妥協なき姿勢を貫いたソクラテス自身の生の姿そのものであった。

しかし、同時に、この認識が一歩誤ると人生を虚無に落とす危険をはらんでいる。人生の目的はわからないのだから何をやっても無意味であり、また逆に何をやっても構わない、すべてが許されているという結論になりかねない。ドストエフスキーは、「もし神がなければ論理的帰結として、すべてが許されている」という有名な言葉を残している。彼の有名な小説『罪と罰』の主人公、ラスコーリニコフが質屋の老婆を斧でたたき殺して、金を奪うその動機の中心は、この虚無思想が潜んでいるのである。

理性の限界

確かに人生の目的を論理的に解明することは不可能である。もともと論理を扱う理性は、前提から結論への橋渡ししかできない。前提そのものの真偽を判定することは、理性には不可能なのである。少なくとも従来の科学は、もともと客観的な実験結果から論証的推論をたどって到達できる命題のみを真理として採用する。したがって科学は、絶対的な真偽を判定する力を持たないのである。科学が価値や目的を問わないのは、ここに原因がある。この点から考えても、科学万能主義などというものがいかに浅薄かが伺われる。

カントも『純粋理性批判』の中で、理性によって解決し得ない問題があることを主張している。信仰とか愛とかあこがれといった非論理的な情によって、人間は動かされているのである。

ここで言う〝論理〟というのは、言うまでもなくアリストテレスの論理である。これは同一律（AはAである）、排中律（Aか非Aのいずれかのみしか考えられない）、矛盾律（Aは非Aではあり得ない）を基本としている。数学上の推論は、むろんこの論理学を基本としている。多くの人々は、数学は（他の学問はいざ知らず、数学だけは）この論理に基づいて、何らの矛盾のない明解な知識体系、いわゆる論理の殿堂を構築していると思っている。しかし、その基礎には避け得ない矛盾が潜んでいることがわかってきた。

まず、「ラッセルの逆理」という矛盾がラッセルによって発見された。数学者や論理学者は何とかしてこの逆理を解消しようとして、アリストテレスの論理学を改良した「構成的論理学」というものを構築しようとしたが、そこにもまたゲーデルの「不完全性定理」というのが現れた。こうして数学の論理的基礎は、いまだに確立していない。おそらくは永久に確立しないのではなかろうか。数学ですら、論理のみでなく、美の感覚や実践的経験に頼っていると言える。

まして一般的な思考から見ると、アリストテレスの論理学は狭すぎる。例えば右のAを「六十歳以上」という概念に当てはめれば、これは確かにこの三つの基本は成立すると言ってもよいが、もしAを「役に立つ人」とか「美しい人」とかいう概念に当てはめようとすると、もはや全く成り立ちそうにもないことがわかる。例えば排中律をとってみても、「人は役に立つか、役に立たないかのいずれかでそれ以外ではあり得ない」と言い切ることはとてもできまい。そこでこういう概念は「あいまい」であると決めつけられるのであるが、これはアリストテレスの論理学を絶対視しすぎる言い分である。

これに対して仏教を中心とする東洋哲学の論理は、もっと融通のきく論理であると言われている。この点、ここでは詳説しないが、加藤栄一氏の著書『宗教から和イズムへ』（世界日報社）に詳しいので、それを参照していただきたい。

なぜ生まれたのか？

論理の問題に深入りしすぎて遠回りをし、本論からずれたおそれがある。いずれにせよ目的もわからず生きているということは、ゴールがどこだかわからないマラソンをしているようなもので、まことにおかしな話であるが、このソクラテスの〝問いを問う〟人は虚無や死に至るものとして危険視されてきたと言えよう。事実、私も青年時代こうした問いを問うこと、つまり哲学することは結局先に述べた藤村操のようになるのが落ちだから、あまり深入りしないほうがよいと先輩たちや世の大人たちから言われたものである。しかし哲学することは同時に、パスカルが指摘した第三の道、神へ至る道への第一歩でもあるのだ。このことについては、またあとで述べることになろう。

さて、人間はゴールである目的がわからずに生きている存在だと言ったが、ゴールだけでなく、その出発点である出生も自分で選んだものではない。自分が男性として、あるいは日本人として、生まれたくて出てきたわけではなく、物心ついてみたら、たまたま現在あるような自分であったにすぎない。

女性であったらほとんどの人が、魅力的な美人に生まれたいであろうが、事実は残念ながらそうはならない。ある婦人服のデザイナーが言っていたが、日本の女性の九〇パーセント以上は自分のスタイルに不満を持っているという。もっとウエストを細くしたいとか、足を長くしたいなどと思っている人が大部分ということになる。しかしどうがんばっても、持って生まれた容姿は自分の思うとおりにはならない。ダイエットやお化粧によって、少しは美人に近づけるかもしれないが、生まれつきの美人にはとうていかなわない。イエスも言われたように「だれが思いわずらったからとて、自分の寿命をわずかでも延ばすことができようか」である。

才能による差

女性の容姿だけでなく、一般に学問や芸術やスポーツの素質についても同じことが言える。我々は、どんなにがんばっても数学の天才にはかなわない。天才数学者ポアンカレの言葉だが、「こと数学に関する限り、人類の大多数は低能児にすぎない」と言っている。我々の専門に近い分野にユダヤ系ハンガリー人で、ノイマン（一九〇三〜一九五七）という大天才がいたが、「碁で言えば、妙手という妙手のほとんどは、ノイマンが打ってしまう。我々の仕事はせいぜい終盤での駄目を詰めるくらいの価値しかない」と多くの研究者たち、しかも第一線で活躍している最優秀の研究者たちがこう言ってぼやいていたものである。

レオポルト・インフェルト（一八九八〜一九六八）という、やはりユダヤ系の物理学者がいる。この人はアインシュタイン（一八七九〜一九五五）と共同研究をしたほどの高名な物理学者だが、その自叙伝の中にはこう書いている。「アインシュタインのような人なら、『私はこれだけ物理学に貢献した』と言える多くの業績を上げているが、私がやったことが物理学を少しは進歩させただろうか、また私が何をやらなかったとしても物理学は退歩しただろうかと自問してみると、結局私がいてもいなくても物理学の進歩、退歩には関係がなかったといえる。いったい私の存在は何だったのだろう」と。

また、これはあまりにも有名な話だが、当時の音楽の世界での実力者サリエリが、モーツァルトの天才を羨んで毒殺したという噂があるが、音楽の世界でも努力よりも才能が圧倒的にものを言う。

将棋の世界では、かつては七冠王であり数々の永世称号の保持者、羽生善治氏の陰には、三十歳になっても四段にもなれず、無念の思いで将棋をあきらめていく多くの人たちがあるという現実がある。私のゼミと卒業研究についた学生で、初めは将棋の専門家になろうと志し、いわゆる将励会に入ったのがいる。彼が入ったそのちょうど一年後に羽生さんが入ってきたそうである。彼は羽生さんを見て「こんなのがいる限り、とても自分は将棋で身を立てる気がしない」とあきらめて、大学受験をしたということだった。

私の知人で、普通のプログラマーなら一カ月ぐらいかかるコンピュータープログラムの仕事を、三日で仕上げたと言って自慢していた人がいたが、こうした仕事も才能による差が極めて大きいことは否めない。こうした事実を考えてみると、同じ仕事をして、同じ時間だけ働いているのに給料が少ないのはけしからんと騒いだり、ましてそのためにストライキをやるなどというのは、全くおかしな話である。

競争社会における嫉妬

こうした特定の価値の基準での競争社会の中で、勝者となることを人生の目的とすることが、現代社会では一つの通念になっている。識者たちからのかなりの批判が起こっているとはいえ、世間には依然として一流大学に入り、一流企業に勤めれば、生涯の幸福が約束されるに違いないという通念があることは否定できない。そのため受験競争が激化していく。塾の勉強にしても受験勉強にしても、素質のある子は、それほどの努力なしにすいすいと理解して問題を解くが、そうでない子は、一生懸命やっても一向にはかどらない。こうして落ちこぼれてゆく子供たちが、社会に反抗し、不良化し、いじめ社会をつくることも多い。

これは日本に限ったことではない。ニューヨークにジュリアード音楽院というのがある。ここには音楽の天才児といってもいい少年少女たちが世界各国から集まってくる。しかし、ここを出て楽団に入るためのオーディションはまことに厳しいものであると聞く。そのオーディションで友人が少しでも間違えたら、「しめた」と思うそうである。その分だけ、自分が採用される確率が高くなるからである。こうした厳しい競争に落ちこぼれて、麻薬や売春に身を滅ぼしていく、かつての天才少年少女たちも多いと聞く。

こうした競争社会を許し、その中での個人の利害を中心とする権利の主張を許すなら、社会は全く不平等であると言える。そのための嫉妬、不満による混乱をどう収めていけばよいのか。以前、姉が妹を殺そうとした事件があった。それは妹のほうが綺麗でセンスもあるのに、自分はそうでないため、それに嫉妬したためであった。こうした姉の心をどうやったら、なだめることができるだろうか。今までの常識では「あきらめる」しかないのである。しかし、こうしたあきらめの心から、真の幸福や喜びは決して得られない。

無神論的実存主義

こうして人類の大多数は、その始まりもゴールもわからず、つまりどこから来て、どこに行こうとしているかもわからず、社会の大きな流れに流されて、半ばあきらめの中で生きている。私の居た大学の学生も四年生になれば、少しでも良い会社に入ろうと就職運動に懸命になる。こうして大多数の学生は会社人間となり、通勤電車に揺られながら、定年まで一生懸命働くだろう。こうして生産された物が社会にいっぱいあふれ、物が売れなくなって不況になり、エコノミストたちは不況対策の様々な意見を主張し、経営者たちは生き残りに懸命になる。これらすべての活動が結局は何のためになるか不明のままで。こうした社会通念に従って生きることを人々は、「現実的である」と言い、生の本質を考えることを「非現実的である」と言うのである。

人間はどこから来て、どこへ行くともわからない存在であるという認識はいわゆる（無神論的）実存主義的認識である。実存主義は、人間がこのように目的なくほうり投げられた存在と見るところから出発し、そこに一つの思想体系をつくろうとする。「実存は本質に先立つ」という考えがその基調である。例えば、車という存在は人を乗せて走ること、冷蔵庫の本質は物を冷やし、保存することにある。この意味で、その存在目的ははっきりしている。しかし人間という存在は、いかなる本質からも自由だというのである。

これは人間とは善であらねばならないとか、ましていて一流大学、一流企業こそ人生の理想であるとか、末は博士か大臣かといった一切の価値基準に縛られずに、自己そのものの存在、これを実存と言ってもよいだろう、これを生の基盤と考えようという発想である。簡単に言えば、〝あるがままに生きればよい〟ということだろう。こうして一切の既成の価値から自由になって、自己自身のその瞬間瞬間の生を生きることにより、自己の生を創り出していこうというのである。

論理的帰結としては、人間の生をこのように考えざるを得なくなったのである。このような考えもわからなくはないし、このように考えれば上記のような特定の価値基準による競争社会も意味を失って、したがってそれに伴う様々な矛盾も解消するだろう。しかし、この価値からの自由によって、〝神を選び取る〟のでなければ、この思想は必ずやニヒリズムに至るに違いないと私は確信している。

第四章　エゴと無知の中にある人間の現実

豊かさの中に

日本は今、まことに恵まれている。多くの人々は豊かで何不自由なく暮らしている。スーパーやデパートは豊富な物資に満たされ、ほとんどの人が車や電気製品や時計や電卓を何不自由なく使うことができる。海外から帰ってきた人々は異口同音に、日本は住みやすいという。インドやパキスタンでは暑い夏でも水すら安心して飲めない。ニューヨークでは男でも一人で夜道を歩けない。

「でも」と、ある主婦は言った。「私も夫も健康だし、子供たちもすくすく育っている。私の周りはすべてうまくいっている。でも心の底からの喜びと満足がないのです」。

こうしてハングリー精神などが尊重されている。でも若くして刻苦勉励、功成り名遂げた実業家も死の床にあって、「私の一生はいったい何のためだったのか?」と空しさを感ずる。こうして我々は、豊かさの行き着くところに空虚を見る。そしてその空虚からは虚無の生む恐るべき荒廃が待っている。

暴君ネロの暴挙はあまりに有名であるが、この種の例は枚挙にいとまがない。家康の孫松平忠直は、大阪夏の陣の功によって若くして、二十歳余りで六十万石の大名となったが、権力を得るや理由もなく家来を殺害し、家来の妻を犯す。晩年は悔い改め、僧侶になったと言われる。

さらに考えると、こうした豊かさの裏には、しのぎを削る激しい商戦、それに神経をすり減らす経営者、またはそれに負けて倒産し、苦悩し続ける経営者たちも多いに違いない。また先の見えた管理社会に夢をなくし、快楽のみを求めて、惰性的に生きる若者たち、教育の荒廃、受験地獄、校内暴力、離婚とそれによる子供たちの非行化、などなど。マスコミによって言いふらされた観念像のきらいは多分にあるにしても、こうした社会の歪みが豊かさの裏に不気味に顔を出してきていることは確かである。

矛盾と混乱の世界

一歩世界に目を転じて見れば、絶え間のない戦乱と飢餓に、また不当な弾圧やテロに多くの人々が日夜苦しんでいることがわかる。

思えば人類は、二十世紀こそ大きな進歩と繁栄の世紀と期待した。特にヨーロッパはそうであった。ところがこの世紀は、第一次世界大戦の殺戮と破壊で始まった。第一次世界大戦後の世界の政治家たちは国際連盟を結成し、軍縮協定によって、持ち過ぎの軍艦などを自国の手によって処分し、これで地上にもはや戦争は起こり得ないと宣言し、恒久平和の夢があわや実現するかに見えた。そしてその二十年後、第二次世界大戦は前大戦の数倍の大量殺戮と文化の破壊を繰り返した。国際連盟は国際連合に変わったが、加盟先進二十一カ国はすべて核軍備撤廃に反対である。こうして人類は核軍備拡大競争に多大の労力と費用をつぎ込んでいる一方、アジア、アフリカ諸国では飢餓に苦しみあえぐ多くの民衆を抱えている。まことに世界は矛盾と混乱に満ちていると言わざるを得ない。

こうした事態を見て、人々はこれは国家権力のしからしめるところだ、一握りの権力者の野望に基づく権力闘争のため、民衆がいつも戦争に駆り出され苦しむ。戦争はもうごめんだ、戦争のため、いつも我々はこんなに苦しむのだと、責任を国家指導者や権力者たちに押しつける向きがある。しかし、こうした戦争は、本当にいつも国家権力者たちのみの誤った判断により引き起こされるが、一般大衆には責任はないのだろうか。

矛盾の根本は心の中にある

戦争に限らず、人類の中に起こり人類を苦しめる様々な悪や不正や矛盾の根源は、人々の心の中にあると私には思える。例えば、人は絶えず他人より優れようとする欲求がある。これはむしろ自然な欲求で、そんなに悪いものであると言えない。否むしろ、そうした欲求こそが社会を発展させる原動力になるのだと見る向きもある。確かに一面の理屈だが、しかしこの欲求は常に自己中心の欲望につながり、〝我〟に対する執着を生む。

仮に二人の女性A、Bがいて、Aは美人で魅力的だがBはそうではないとする。パーティーなどでAの周りにはいつも男性が寄ってきてお世辞などを言うが、Bは相手にされないとする。こんな時、BはAに対して決していい感情を持たない。隙あらばAの欠点を捕らえて、何とかAをおとしめようとしたり、そこまでいかないとしても、もやもやとして不満の感情、広い意味の嫉妬心がわき、BはAに対して素直な心情を持つことができないのが普通であろう。こんな時にBが心平静でいられるとしたら、さらに進んでAの美を心から喜んでいるとしたら、Bはよほど立派な人格の持ち主である。たいていの場合そうはいかず、「おもしろくないわ」といった不満がBの心にくすぶり続けるのではないだろうか。ましてBが恋心を持っていた男性CがAに惹かれていったらどうなるだろうか。彼女の心は千々に乱れ、時と場合によっては殺人事件にまで発展しかねない。ここに決して心の平和はないのである。

こうしたBの心情がどれほど自他を苦しめるだろう。しかし、この時Bに罪があるのか。あるいはAに罪があるのだろうか。あるいは男性たちに罪があるのだろうか。こうした問題こそ、あとで述べる「堕落論」が明解な答えを与えてくれるのである。

目的なき人生の空しさ

以上は女性の立場を述べたが、むろん男性とて事情は同じである。あるいは男性の場合は、もっと広く自分が世に認められること、優れた存在であると他に認められ、それによって自己の優越を確認することこそが自己の存在の意義であり、人生の目的であると考える人が多い。優れているというためには、価値観が必要であるが、ある人は金銭ないしは金銭的名誉心に、あるいは社会的地位に、ある人は学問や芸術やスポーツの才能に価値を置く。そのようなそれぞれの価値の場において優れた存在者たることが彼らの人生の目的となる。一面から見れば、このような場での競争によって、まさに社会は動いていると言っても過言ではない。こうして現代社会は、ますます厳しい競争社会になりつつある。

しかし、そのような競争に勝ち抜いてきた多くの人々が晩年にあって、つくづくと自分の生を空しいものと感じている。芥川龍之介、太宰治、川端康成、三島由紀夫など多くの文学者が自らの生命を絶った。それなりの個々の事情はあろうが、要するに人生に行き詰まり、その意義を見失ってしまったことが根本原因であろう。彼らはすでに素晴らしい才能に恵まれ、自分の選んだ価値の中で最高峰に立った人々である。ましてや、自己中心の欲求に基づいて、一定の価値を追求していくことに人生の目的を置いた人々の行き着く先がどうなるかを教えているのである。

こうして人生の究極的な目的なしに生きることがいかに空しいことかを知り、我々はいったい何のために生きるのか、人生の意義は何かという問いに必然的に導かれていく。

人間に規制はいらないのか？

先にも書いたように、人生の目的と意義というこの根源的な問いを問題とした歴史上最初の人はソクラテスであった。もしソクラテスの言う無知を知ったら、人々は「給料が人より少ないから、もっと上げてくれ」と言ってストライキなどはしないだろう。また我に執着して自説をあくまでも言い張って、互いに言い争う無益な論争を延々と続けるようなことはしないだろう。また政府のやることに反対し、暴力をもってでも阻止しようと乱闘などはしないだろう。無知を知ることは、こうした頑迷な人々に反省の機会を与えるかもしれないが、同時に人生に希望をなくし人々を無気力にしないだろうか。事実ソクラテスは、人々を惑わすという罪で牢獄に入れられてしまった。

このように人生の目的が不明であるが故に、人生には目的はないと考える人が出てきた。これも先に述べたが、人間の存在つまり実存は本質に先立つと、サルトルなど実存主義者たちは言う。人間とはこうあるべきだという何らの規制を持たない。したがって目的はない。人間にはすべてが許されている。各瞬間において選択し行動していくその行動が、その人の生を決定していく。つまりデカルトの言う「我思う、故に我在り」で、思考や行動が自分の存在を形づくっていくが、その思考や行動は一切の規制はないのだと言う。

理性のみに頼る人生の結論は、結局このような無規制性に帰着されてしまう。ドストエフスキーも「論理的帰結としてはすべては許されている」と断言する。『罪と罰』のラスコーリニコフはその帰結によって、彼が虫けらのような存在と思う高利貸しの老婆を殺害する。彼の論理はそれによって毫も揺るぎはしないはずだったのに、その殺人の瞬間から彼の心情は千々に乱れ、精神は錯乱し崩壊していくのである。

しかし多くの人々は、そんな極端にはならない。彼らは経験に頼るのである。多くの人々が今までにこうやってうまくいったのだからという、いわゆる常識、良識の線上で生きていく。この世を万事好都合に生きるためだけならこれでよい。しかし、これも世の中が大きく変わるような時には、がたがたになる。明治維新、第二次世界大戦終了後、ソ連の崩壊、マルキシズムの崩壊、そして現代のように価値が多様化され、倫理的行動の基準がよくわからなくなってくるような時には、頼るべき良識を失ってしまう。

塾は良いのか悪いのか。校内暴力にはどう対処すべきか。非行少年はどう教育すればよいか。過激派学生の処分は、青年の無気力はどうすればよいか。子供に遊びを取り戻すには。思春期の青少年の性教育は。ポルノの解禁は是か非か。フリーセックスは、等々議論は百出し、様々な対症療法は生まれるが、人生の目的と意義が不明である限り、根本的には何一つ解決を見ない。

現代はまさにこのような時代である。こう考えてみると、人間の目的と意義という一番大切なことが人間にはいったいどうしてわからなくなってしまうのだろう。そして人間は混乱と矛盾と様々な不安の中に、矮小な悦楽を求めて生きる情けない存在にどうしてなってしまったのだろうと、つくづく思わざるを得ない。統一原理の説く堕落論は、この問いに真に明解な答えを与えてくれる。

第五章　堕落論：人類の悪の根源を暴く

堕落論の必要性

　前節までに、人類が救いがたい矛盾をその奥に秘めていることを述べた。それならなぜそのような矛盾が人間の中に起こってきたか？　この問題は悪の起源として古来様々な見解がある。統一原理の中の堕落論は、これに対するまことに明解な答えを与えてくれる。釈迦も、人生は〝苦〟であると言っている。釈迦も人類の現実をしっかりと見つめたが、しかしなぜそうなのかということについては答えなかった。むしろそのような問いを問うよりは、例の「毒矢の喩え」に見るように、まず毒矢を抜くこと、苦から救うことのほうが大切であることを主張した。いわば対症療法に徹したのである。しかし統一原理は、人類の「悪の根源」を完膚なきまでに暴くことから始まる。これなくして人間を正しく認識することは不可能であるからである。

性に対する後ろめたさ

人間は、エゴと無知という病理のほか、もう一つの〝性〟という病理に蝕まれている。思春期のころ、人間はたいてい性の葛藤に悩まされるものである。一方において性に強く惹かれながら、一方において一種後ろめたさ、ひけめを感ずる。これはいったいなぜなのか？　食と性は個体、種族保存の二大本能であり、肯定されむしろ賛美されてしかるべきものなのに、なぜ性についてのみ後ろめたさがあるのか？　確かに様々な解釈はある。人類の歴史において、女性を奪う男性の闘争などのため、性が常に社会秩序の混乱の基になってきたため、それを制御しようとする倫理的な教えから、性に対する一種のタブー視が生じたのだと。しかし性に対する一種異様な後ろめたさというものは、誰からも教わらないのに、性の目覚めと共に心の奥底に初めからあるのである。

また、性には汚れたもの、おとしめられたものという感じ、卑猥で淫らな感じが常につきまとう。これは神聖なもの、高貴なものをにやにや嘲笑して蔑み、おとしめ、泥にまみれた汚らわしいものに引きずり落とす。さらに人間の性は、強姦とか輪姦などの場でしばしば表れるように、まことに汚れて残忍で、目を覆いたいような惨状を呈するのである。これは、もはや性の本来の目的をはるかに離れて、単に人間をおとしめるためだけの目的を持っているかのようである。人は思春期のあの恥じらいの中にあこがれをもって性を期待しながら、性の中にこの汚れた残忍性を見せつけられた時、愕然と立ち尽くし、逃れることのできない人間存在の深い悲しみに打ちひしがれるのである。

堕落論の解明

いったい人間の性とは、どうしてこんなになってしまったのだろう。筆者は長い間疑問に思っていたが、どのような思想にもはっきりした解答が見いだせなかった。統一原理の中の堕落論は、まさにこの疑問をいっぺんに解き明かしてくれた。人間の罪の根源をえぐり出し、白日のもとに暴き出したのが堕落論である。

最近は性の解放とかフリーセックスとかの安易な性の肯定論が横行している。性にひけめを感ずるのは古い封建的な考えで、性は謳歌され賛美されるべきもので、大いに性を楽しむべきだという、一見もっともらしく甘く人の心を誘う意見が横行し、むしろそれが新しい社会通念、良識でさえあるとの意見を持つ評論家も多い。またそうした社会通念に支えられ、出版物やテレビ映画などをはじめ、セックス産業は繁栄を極めていると聞く。しかし堕落論を知ったら、それがいかに危険に満ちたサタンの誘惑であるかがわかるだろう。性は確かに本来ならば神が人間に与えた素晴らしい喜びに満ちたものであるが、そこにサタンがどのように巣食ってしまったかを堕落論は解明してくれるのである。

堕落論は、むろん統一原理の独創というよりは、ユダヤ教、キリスト教の説くアダム・エバの原罪説の新しい解釈と言える。旧約聖書の創世記にある失楽園の物語はあまりにも有名である。蛇の誘惑によって人類始祖アダムとエバが禁断の木の実を食べ楽園から追い出された。しかし現代インテリ層が、このお伽話よりも子供だまし的なこのような話に何ら関心を示さないとしても無理はないかもしれない。しかし、統一原理の堕落論はこの話に、まことに生々しい現代的息吹を吹き込む。

神がアダムとエバを造られたという話は、現代の進化論的常識からすると、これもお伽話的に聞こえるかもしれないが、神が「命の息をその鼻に吹きいれられた」(創世記二・七)という聖書の言葉は、現代の人々にも納得のいく解釈ができる。人類の肉体的発展というものはある意味、進化論の説くとおりかもしれないが、神が最も愛するアダム、エバに人間らしい心情、愛やあこがれや、美を感じ、真理を尊び、善を実行しようとする意志を与えられた。つまり「命の息を吹き入れられた」と考えることは、そんなに荒唐無稽とは思えない。アダムとエバが人類の始祖であるというのは、この時初めて、この両人に人間らしい心情が宿ったのだということだろう。

霊感と天才

学問や芸術の世界でも本物の真理や美の発展過程はいつでも、一人の天才に霊感が生じ、それが周りの人々に少しずつ理解され、やがて一般大衆に広がっていくという経過をたどる。物体の運動の法則を鮮やかに解明した力学の法則は、初めニュートンの中に霊感として生じた。これは決してデカルト流の方法論に従った分析的推論によって得たのでなく、人智を越えた神からの霊感によったとしか思えない。彼が「プリンキピア」を世に表した時、これを理解できた人々はほんの十指を数えるにすぎなかったと言われている。現代では少なくとも大学の理科系の学生はこのニュートン力学を理解し尽くすことができる。ガロア（一八一一～一八三二）の方程式論もまた然りである。この弱冠二十歳の世間的にはややエクセントリックな青年の頭に芽生えた霊感は、当時の最高の数学者であるガウス（一七七七～一八五五）やコーシー（一七八九～一八五七）にすら顧みられなかった。埋もれかけたそのアイディアは、彼の死後十四年たった一八四六年、ルビーユ（一八〇九～一八八二）によって紹介され、ドイツの数学者たちの研究によってその重要性が明らかにされたのである。現代では少なくとも数学専攻の学生には理解できる形になっている。

このように真理は決して大衆から生まれるのではなく、いつも神の愛する一人の天才の心の中に生まれ、それが少しずつ周りに浸透して、やがて一般大衆に普及するという経過をたどる。上記の例はいずれも、物理学とか数学とかいう一専門分野であるが、アダムとエバの場合は全人間的心情である。神がいかに一組の夫婦となるべき両人を愛し、全力を投入して彼らに人間性を植え付けようとされたか。あとで創造論のところで述べるように、本来ならそれが彼らの子々孫々に伝わって、やがて全人類に及ぶべきものであった。しかし、ここにまことに悲しむべき事件が起こったのである。

天使と霊現象

神はこの地上に人類を創造される前に、天使たち、つまり御使いたちを天上界に創造しておられた。この天使の長として、知の天使長ルーシェル（あるいはルシファーとも言われている）、情の天使長ミカエル、意の天使長ガブリエルの三大天使長がいたと言われている。天使たちは神の創造の手伝いをしたり、新しく創造されるべき人間の家庭教師としての役割を果たす神の僕であった。また、その後も神の摂理を助け、人間を導くために活躍していることは聖書の随所に書かれている。（創世記一八・一〇、マタイ一・二〇、使徒行伝一二・七）

現代人の多くは、特に科学的教育を受けたインテリ層の人々は、霊的存在を信じたがらないから、このような話を荒唐無稽として一笑に付する。しかし、そのような断定は本当に科学的態度とは言えまい。古来聖書をはじめ、スウェーデン・ボルグの『天界と地獄』など多くの真面目に霊現象を扱った本があるし、また最近は特にＧＬＡなど霊現象が随所に起こりつつあり、書店などでは霊界や霊現象などいわゆる超自然現象を扱った書物があふれている。むろんこれらの中にはただ単に好奇心をあおるだけのものも多いが、『ソ連圏の四次元の科学』や『開かれた霊界の扉』や『超常現象には法則があった』など霊現象を科学的に分析した本も多くあり、むしろ霊現象を否定する人のほうが時代後れになるような時期に来ていると言ってもよいと思われる。この点については、のちほどまた詳しく論ずるつもりである。

失楽園物語の解釈

さて統一原理の失楽園解釈がどのようなものかを見てみよう。まず創世記でこの部分に関連しているところがどのように書かれているかを見てみよう。

主なる神は人を連れていって、エデンの園に置き、これを耕させ、これを守らせられた。主なる神はその人に命じて言われた、「あなたは園のどの木からでも心のままに取って食べてよろしい。しかし善悪を知る木からは取って食べてはならない。それを取って食べると、きっと死ぬであろう」(創世記二・一五～一七)

さて主なる神が造られた野の生き物のうちで、蛇が最も狡猾であった。蛇は女に言った、「園にあるどの木からも取って食べるなと、本当に神は言われたのですか」。女は蛇に言った、「私たちは園の木の実を食べることは許されていますが、ただ園の中央にある木の実については、これを取って食べるな、これに触れるな、死んではいけないからと、神は言われました。蛇は女に言った、「あなたがたは決して死ぬことはないでしょう。それを食べると、あなたがたの目が開け、神のように善悪を知る者となることを神は知っておられるのです」。女がその木を見ると、それは食べるに良く、目に美しく、賢くなるには好ましいと思われたから、その実を取って食べ、また共にいた夫にも与えたので、彼も食べた。すると二人の目が開け、自分たちの裸であることがわかったので、いちじくの葉をつづり合わせて、腰に巻いた。（創世記三・一～七）

「善悪を知る木の実」とは

まず、聖書の言葉は文字どおりの意味であるより、象徴とか比喩である場合が極めて多いことを認識しておかねばならない。その典型はヨハネの黙示録であるが、創世記のこの部分も文字どおりの意味ではないと統一原理は見る。

「善悪を知る木からは取って食べてはならない。食べると死ぬであろう」という神の言葉を文字どおり取ることは全く考えられないことである。それを食べれば死ぬという恐ろしい木の実を、どうして神様が彼らの前に置かれたのか。しかも食べるに良く、目に美しく、賢くなるには好ましく見えるように作られていて、たやすく取って食べられるような所に置かれたとはとうてい考えられない。

そこで善悪を知る木の実とは、文字どおりの木の実ではなく、命に代えても惜しくないほど強烈に惹きつけられる何かを比喩したものと見なければならないだろう。いったい善悪を知る木の実とは何だろうか。

創世記二章九節には、神が（エデンの）園の中央に、命の木と善悪を知る木とを生えさせられたとある。そこで命の木と善悪を知る木というのは一対になった何かの象徴であると見ることができる。

ところが命の木というのは（新旧共の）聖書のいろいろな所に出てくるのだが、これは人間の究極の願望の対象であって、人間はこの木の前に行き完成を願うというものである。例えば箴言十三章十二節には、願いがかなう時は命の木を得たようだとある。また黙示録二十二章十四節によれば、イエス以後今日に至るまで、キリスト教徒たちの願望はひたすら命の木に至るということであることがわかる。また創世記三章二十四節にはアダムが罪を犯したため、神の炎の剣で命の木の道をふさいでしまわれたとある。堕落した人間は罪を犯す前のアダムとエバを理想として残されたと見るのである。

このように、命の木というのは、創造理想本然の（つまり罪を犯して堕落していない）アダムを象徴したものであると見ることができる。ここから、善悪を知る木とは、聖書にはその直接の説明はないが、命の木と一対の木になっていることから、これは創造本然のエバを象徴したものと推理することができる。そこで善悪を知る木の実を取って〝食べる〟ということは、エバを犯すこと、つまりエバが貞操を失うことを意味する。聖書はもともとと、比喩か象徴で書かれた暗号書のようなところがある。統一原理の大きな特徴は、その解読にあるといえる。

命に代えてもと思わせるほど人を強烈に惹きつけるものは、男女の愛である。文字どおり「死ぬほど好き！」と叫んで、何もかにも捨て去って男のもとに走る女性は、死に代えても愛を欲しているのである。近松門左衛門の戯曲には、このような女性が多く書かれている。江戸時代、不義密通は文字どおり死罪であった。それを覚悟で彼女たちは愛を選んだのである。

蛇の正体・サタン

こうして「善悪を知る木の実を取って食べる」という意味がはっきりしてきたが、それならそれをそそのかした蛇の正体はいったい何だろう。この蛇は人に話しかけたり、神の意図を知っていたりするのだから、文字どおりの蛇でないことは明らかである。蛇とか龍とかいうのは、やはり聖書の随所に表れる。黙示録十二章九節には「巨大な龍、すなわち悪魔とかサタンとか呼ばれ、全世界を惑わす年を経た蛇は（天より）地に投げ落とされた」とあるが、この蛇こそがエバを誘惑したものであると統一原理は見ている。

こうして蛇は〝サタン〟の象徴なのだが、それならサタンとは何だろうか。ヨブに災害を与えるサタン、イエスを試みるサタンなど、聖書には旧約にも新約にもサタンはしばしば出てくる。仏教ではサタンは〝魔〟と呼ばれ、美女に変身して釈尊を誘惑するなどの話がある。いずれにしても、悪の権化として、善なる神に対立するものと考えられている。統一原理でも、サタンは人間に対するその強い影響を及ぼす霊的実在として、その存在をはっきりと認めている。

サタンを神と対立する存在と見る二元論的考えもあるが、統一原理ではサタンは決して神と対等の立場で初めから存在していたものとは見ない。そうではなくてサタンといえども、神から創造されたものであると考えている。すべての存在は神の被造物であるという見方は、統一原理のみならず、ユダヤ教、キリスト教など一神教の基本理念である。

それなら神は悪の存在であるサタンを創造されたのだろうか。善なる神が悪の権化であるサタンを創造することはあり得ないではないかという疑念が起こる。この問題は、神がこの世を創造されたのに何故悪が存在するのかという、根本疑念にかかわるものである。そして無神論者が神の存在を否定する根拠としようとする疑念である。ドストエフスキーの小説の随所にこの問題が表れてくる。私には従来のどこの宗教もこの問題にはっきりとした解答を与えているとは思われない。
統一原理ではサタンとは、先に述べた知の天使長ルーシェルであると解釈している。かつては神の天地創造の手助けをし、アダムやエバの家庭教師のような教育の役割をも果たして、大きな貢献をしたこの天使長こそサタンの正体であると見るのである。
その主たる根拠は、イザヤ書十四章十二節「黎明の子、明けの明星よ、あなたは天から落ちてしまった」にある。この明けの明星こそがルーシェルと呼ばれる知の天使長であると統一原理は見ている。このほかにも聖書には随所に、神が罪を犯した天使（御使い）を天から地獄に落としたと書かれている。（ペテロⅡ二・四、ユダ六〜七）
こうしたことを総合的に見るとき、あの失楽園の物語というのは、かつての天使長ルーシェルがエバを誘惑して、エバがそれに身を任せて姦淫の罪を犯した物語であるというのが、統一原理の解釈である。彼らの罪がこのような性的なものであったからこそ、裸を恥じていちじくの葉で腰を隠したのである。

この世の君、サタン

こうしてルーシェルは、エバの誘惑に成功するや否や、「よしこれからは、人間を味方に引き入れて神に反逆してやろう。人間は神ではなく、この私が支配してやる」とそう決意したのである。まさに自分が神になり代わろうとしたのである。つまりこの瞬間から彼は天使長であることをやめてサタンとなったのである。事実、人間の大多数は、サタンに支配されているのである。聖書でもしばしばサタンのことを「この世の君」つまり、この人類の支配者と言っている。イエスが「わたしはすでに世に勝っている」（ヨハネ一六・三三）と言った時、この「世」とはサタンに支配された世を意味する。

「自分こそが支配者である」という意識、つまり「権力の意識」こそ、有能で力ある人の大きな誘惑になる。チャップリンの「独裁者」という映画の中に、ヒトラー（をもじった独裁者）が大きな地球儀を手玉にとって「やがてこの全地球、全世界は自分のものになるのだ」と言わんばかりにほくそ笑んでいるシーンがあるが、彼こそまさにこの権力の意識にとりつかれたサタンの化身であったのである。

歴史上多くの皇帝や王や支配者が、この権力の意識の誘惑に陥って、闘争と戦争を強行し、一たび権力を握れば、必ずといっていいほど、横暴な独裁者となって人民を苦しめるのは、彼らが人類始祖を誘惑したサタンの血を受け継いでいるからにほかならない。

本来、権力や独裁そのものが悪いわけではないのに、歴史は権力が必ず腐敗することを示している。この原因こそ、権力意識がサタンの心根であるからにほかならない。共産主義の世界では、ほとんど絶えず権力闘争が繰り返され、そのためどれほど多くの人々が、殺戮され、苦しみ、傷つけられ、悲惨な生涯を送ったかは、歴史が生々しく物語ってきた。自由社会でも、政治の世界、企業の世界、そして経済界や学界ですら、権力闘争に明け暮れていることは、少しでも社会の現実を垣間見た人なら認めざるを得ない。これはまさに人類が、神から離れ、サタンに支配されてしまった結末にほかならない。

さて、話を再び元に戻そう。エバはサタンに身を任せたのち、烈しい後悔の念に襲われる。「木の実を食べれば死ぬ」という神の言葉の「死」は、実は肉体の死ではなく、精神の死、つまり神から離れてしまうことを意味していた。神から離れ、不安におののいていたエバは、まだ神につながっているアダムに救いを求めようとした。しかし、同時に姦淫の心をサタンから受け継いでしまったエバは、アダムのもとに行こうか、サタンに身を任すかという葛藤に苦しんだ。そしてついに本来の伴侶がアダムであることを悟り、アダムに近づき救いを求めたが、結局、それがアダムを誘惑することとなり、アダムとも堕落してしまう。その結果、サタンの動機であった、アダムまでも神から離すことに成功したのである。悪を行うのは、一人でなら怖いが、二人でなら、さらに大勢なら、怖くなくなる。

いわゆる「赤信号皆で渡れば怖くない」という心理である。これはまさに人間を味方に引き入れようとしたサタンの思うつぼであった。

アダムとエバの性的堕落

エバがその非を悟って、すぐに罪を悔い、神のもとに許しを請いに行けば、まだ悲劇はこれほど根深くはならなかったかもしれない。しかし、すでにサタンの心情を心の片隅に植え付けられてしまったエバは、サタンの心、すさんだ心でアダムに近づき、まだ未完成期にいて、取って食べてはならないはずのアダムを誘惑し、アダムをも同罪に陥れたのである。神はこの両人が完成したら、神の与えた美しく高貴な喜びをもって愛し合い結び合うことを望まれていたが、彼らはサタンの植え付けた淫らな性の欲望に従ったのである。「また、共にいた夫にも与えたので、彼も食べた」。

こうして人類始祖はサタンの誘惑に屈し、姦淫の罪の意識と神の与えた清らかな喜びをおとしめ、淫らなものとしたサタンの欲望に従ったという意識のために、性に対して後ろめたさを持ち、「いちじくの葉をつづり合わせて腰に巻いた」、つまり性を恥ずかしいもの、人に見られてはならないものと見るようになったのである。この時の神の悲しみと嘆きはいかばかりであっただろう。大きな愛と期待を裏切られ、サタンの下に引かれていったエバとアダムを見て神は言われた。「あなたは何ということをしたのです」。こうして人類始祖アダムとエバの犯した罪が、その子供たる全人類に伝播して人類の罪の根源になったと統一原理は説くのである。

原罪とは性の問題

この話を、およそ非科学的で真面目に聞いてはいられないと一笑に付する人も多い。筆者自身、こんなことが本当にあったのかと詰め寄られても、これを物的証拠を挙げて論証する手だてなど持ち得ようはずもない。しかし、自分の心の奥を深く見つめる時、あこがれながら、いやらしさに汚れている性に関する言いようのない心情を見つめる時、この堕落論が単なる神話や象徴というには、あまりにも真に迫った現実味を帯びてくるのである。「ああ、私の中にもルーシェルと同じ心がある。ルーシェルによって汚されたエバやアダムと同じ心がある」。こうした慄然たる思いに駆られるのである。

思えば長い人類史の中で性に関する犯罪がいかに多いことだろう。犯罪の陰に女ありと言われる。そして被害者も加害者も悲惨な運命をたどり、人間として破壊していく。普通の良識人は犯罪行為は犯さないだろう。しかしその思いから完全に自由でいられると自信を持って言い切れる人がいるだろうか。一歩誤れば我々もまた同犯になり得る。よく犯罪者を見て、「こんな善良な人がどうしてあんな凶悪な罪を犯したのか」といぶかり、「凶悪犯といえども根は善良なのだ。社会の悪が彼らを犯罪に駆り立てたのだ」と同情し、罪を社会のせいにする人々がいる。また戦争で強姦や輪姦が起これば、だから戦争が悪いと戦争のせいにする。しかし、真の原因は人類の中に巣食ったこのサタンの思いであることを忘れてはならない。

少なくとも思春期のころ、人々は性に関して何ら罪を犯していないはずである。しかも後ろめたさや引け目を感ずる。誰からも教わらないのに、性の想いと同時にこの後ろめたさをすでに持っている。私は何も罪を犯していないのに、引け目を感ずる。自分では犯していない罪の意識がすでに自分の中にある。これこそが古来キリスト教の主張する原罪と呼ばれるものであり、人類始祖アダムとエバの犯した罪、人類が生まれながらにして共通に持っている原罪なのである。堕落論はまさにこの原罪の根拠を明確に説いたものである。私は言いたい。「あなたがたの中で性に関して、引け目を持ったことのない者が堕落論を一笑に付するがよい」と。

無知に陥った人間

ルーシェルの、つまりサタンの心は性の問題だけでなく、やがて人類のあらゆる罪の根源となっていくのである。サタンの心を受け継いだ人類は、神に反逆し、神から離れたため、神を見失い、したがって生の目的も意義もわからなくなってしまったのである。そのため自己中心の欲望や、征服欲、権力欲に自己の生の存在の意義を求めるようになってしまうのである。またサタンの心を受け継いだ人類は当然ながら真の愛、神のような愛で、他を愛することができなくなってしまったのである。またルーシェルの誘惑は、エバを思いやる心など少しもなく、自己を中心とし、自我に執着する想いに貫かれていたから、この想いに染まった人類は、自己を中心とし我に執着する心を常に持つようになってしまった。釈尊も「人生は苦であり、その原因は我に対する執着である」と見抜いている。神と生の目的とを見失い、真の愛を持たず、自己を中心と考えて我に執着するのが、人類の共通の欠点である。あらゆる悪徳は、社会組織でも経済的貧困でもなく、ほとんどこの人類の本来的欠点から生まれるのである。

悪の誘惑

人間は堕落の結果、神とサタンの両方に傾き得る存在となった。誰でもサタンの誘惑があれば、いつでもそちらに傾く可能性を持つようになってしまった。我々は「あの人がこんなことを！」としばしば驚かされることがある。また俗に言う「魔が差した」という言葉で言われるように、どんな善良な人でも悪に傾き得る。人は常に善を願いながら悪の行為を犯してしまう。「わかっちゃいるけど、やめられない」のである。これはあとで創造論で述べるように、人間は神の創り給うた素晴らしい存在でありながら、堕落の結果サタンの誘惑に抗しきれない存在になってしまったためである。

身近な例はいくらでもある。キリスト教を信仰し、いつも教会に行って賛美歌を歌う教養ある善良な老婦人がいた。若いころはまことに朗らかで、多くの人々を家に呼んではホステスとして人を喜ばせ、客に来た人々は我が家に帰ったようだと彼女を慕った。しかし年を取るに及んで、嫁に対してひどく冷たく当たるようになった。嫁の一挙一動が気に入らないのである。こうしたら家の秩序は成り立たない。ああしたら孫の教育に良くないと、ことごとく自分を正当化し相手を悪いと決めつける。

自分は正しいから対立者を憎むのは正当なのだと考えたがる。自分は完全に正しい側にいる。自分の主張は一点の曇りもない。対立者は全く誤っていて、もはや救いがたい。何とかそう思い込もうとする。これがまさにサタンの誘惑である。

そのため人は、ありとあらゆる理由を捏造する。その人が巧妙な弁論を持っている場合、いかにももっともらしく聞こえるかもしれない。またその人が幸か不幸か、そのような論告術に長けていない場合は、いかにも荒唐無稽に聞こえるかもしれない。しかしいずれにせよ、それはサタンの誘惑である。

憎悪はサタンの心

心の中に、いかに見事な論理を作って相手をやっつけてみても、その人の心は言いようのない不安で、苦しくてやり切れない。やり切れないからまた、より巧妙な論理を捏造して相手をやっつける。

このような憎しみを世の中にばらまくのが、サタンの目的なのだ。現代の世の中が果たしてこのサタンの誘惑に屈していないと言えるだろうか。上記のような嫁と姑の問題ばかりではない。上役の欠点をあげつらうサラリーマン、井戸端会議で隣の奥さんの悪口を言うおかみさん、公害や災害の責任を追及する圧力団体、ことごとに相手を非難することしかしない人々がいかに多いことか。今の世の中を見て、サタンは手をたたいて喜んでいるに違いない。

そのようなサタンの心に完全に支配されてしまった例が、連合赤軍のリンチ殺人事件、革マルや民青などにおける内ゲバ事件であろう。

筆者がかつて、早稲田大学に奉職していたころのこと、ある時大学の門前の道路にどどっと数人の学生が駆け込んできた。そのうちの一人を囲んで他の学生が鉄パイプのようなもので、メッタ打ちに殴り出した。殴られている学生は両腕で頭を抱え込み、うずくまるようにして懸命にこらえている。殴るほうも殴られるほうも顔面から血の気が引き、真っ青でどす黒く歪んでいる。「あれじゃ、殺されちゃう」と誰かが叫んだが、あまりの壮絶さに恐れをなし、誰もが息をのんで茫然と立ち尽くして見ているだけだ。その時は幸いにして、殺人事件にはならず解散してしまったようだったが、あの時の彼らの顔のすさまじさは脳裏に焼き付いて離れない。あれはまさにサタンの憑いた顔だったのだ。

悪の根源を取り除く

堕落論はあまりに人生を悲観的に見過ぎるのではないか、健康な思想ではないのではないかと見る人もいる。人間の中には確かに毎日健康で晴れやかに生きている人々も多いことは事実である。しかし、人類の中に少しでも苦悩があれば、宮沢賢治の言うように人類は決して幸福にはなり得ない。「世界全体が幸福にならない限り、個人の幸福はあり得ない」と賢治は言う。人類はある意味で類的存在であり、自分一個人だけが、自分の家庭だけが、自分の国だけが幸いなら、他は苦しんでいてもよいというわけにはいかない。胃が癌に犯されていれば、心臓がどんなに丈夫で、手や足の筋肉がどんなに健康でも、人はやがて死に至る危険を持っているのである。

統一教会の創始者、文鮮明師の片腕として活躍しておられる朴普熙先生のお話であるが、ある病院に視察に行ったとき、ある少年が両手を縛られてベッドに座っていたという。そこで案内役の看護婦さんに「どうしてあんな残酷なことをしておくのですか」と尋ねると、「あの少年は交通事故で中枢神経に害を受けていて、両手を自由にするとナイフやホークで自分の身体をずたずたに切りつけようとするので、やむを得ず手を縛っておくのです」ということであった。

朴先生は、その少年の中に現代の人類の悲劇の象徴を感じたと言っておられた。現代の人類はまさにこの少年のように、中枢神経、つまり神を失ってしまったゆえに、人類同士が殺し合い憎み合い、傷つけ合っているのである。

思えば人類の中の戦争や迫害や犯罪やいがみ合いは、神を失ったことが原因である。そのため被害者も加害者も、どれほど多くの人の心が痛めつけられ苦しめられていることだろう。心が苦しむばかりでなく、現実にそれらを防止したり、加害者を裁いたりするため、軍備や法律や裁判所や警察など、どれほど多くの社会的なコストと手間をかけていることだろう。

多くの人々は、我々善良な市民にはそうしたことは無縁だと思っているかもしれない。そしてたまたま犯罪者を見れば、「なんてひどいんだ」と裁き、憎む。また戦争の話を聞けば、「戦争とはなんてひどいものだ。もう戦争は一切ごめんだ」と単純に思う。そして政治家たちは戦争防止のためのそれなりの努力を払う。しかし、様々な努力にもかかわらず、戦争や犯罪は一向になくなる気配はないのである。

また戦争を憎み、犯罪者たちを裁く人々も、自分の心の中を眺めれば、人生の真の目的も意義もわからず、自己中心の欲望の奴隷となって生きている自分、悪から完全に離れる自信を持てないでいる自分を発見する。

戦争を防止し、犯罪者を裁くことはむろん必要ではあるが、それは対症療法にすぎない。

これらの罪の根源を突き止めて、それを根底から取り去ってしまうのでなければ、いつまでたっても人類の中に平和は来ない。統一原理は、これら悪の根源こそ人類始祖の犯した原罪であると説く。そしてこの原罪を根底から取り除くことこそ人類救済の業である。よく「私はこのままで十分だから、何も救ってもらう必要などありません」と言っている人がいるが、彼らは心の奥に潜む原罪の恐ろしさを知らない人々である。

それなら、いかにしてこの原罪が解消され得るのか。それを解明するのがあとで述べる復帰原理である。

第六章　創造論

このままでよいのか？

統一原理の堕落論は、人類の悪の根源を暴き出して見せ、人類からエゴや無知や性の葛藤を取り除かない限り、真の平和も幸福も得られないことを示している。少しでも人間を深く考える人々、思想家や小説家や劇作家、あるいは宗教家たちもむろんこうした人類の矛盾に気づいていて、人類はこのままではよくないことを、小説やドラマや評論の随所で訴えている。しかし現実をあずかっている政治家や企業家たちは、このままの政治体制や制度の中で、何とかこの世を良くしようとがんばっているのだろう。ハムレットの言った「to be or not to be」の真意は「このままでよいのか、そうでないのか」という意味だと、シェークスピア研究家、小田島さんという方が言っておられたが、まさに現代は人類全体が「to be or not to be」の問題を抱えていると言ってよい。統一原理は当然「not to be」のほうに、つまり根本からの精神革命なしには、人類の真の幸福は来ないという考えに立っている。

創造の理想

それなら、この人類を矛盾と病から救うためには統一原理はどのような方法を取ろうと言うのか。その答えが「復帰原理」と呼ばれているものである。しかしその前に、人間は本来どのような存在だったのかということが明らかになっていなければならない。それを明記したものが統一原理の「創造原理」と呼ばれるものである。これはむろん（旧約）聖書の天地創造の思想が基盤になっている。その骨子は、神がこの全宇宙と人間の始祖アダムとエバを創造され、生めよ、増えよ、地に満ちよと祝福されたというのである。統一原理では特に神が愛をもって人間を創造され、神の似姿としての人間の育成を促したことを強調する。しかし現代の人がこれを読んでも、単にお伽話か神話としか受け止めず、何か空疎な感じがつきまとうだけだろう。なぜだろうか。それはこの創造原理に基づいてつくられた世界は、いまだかつて一度もこの地上に実現しなかったからである。まさに人間の堕落によって、神の理想はこの地上にいまだに実現しないのである。

しかし神の創造の理想が部分的にはこの地上に現れていることは確かである。学問や芸術やスポーツにおいても、多くの天才たちがこの地上に神の息吹を感じさせ、人々を感動させる業績を創造してきた。

神の創造の力と天才たち

私も数学の応用の研究者の端くれであるが、若いころニュートンの力学理論に触れて全身の感動を覚えた。力、質量、加速度という三種類の要素の簡単な関係から、微分方程式を解くという数学法則を用いれば、この地上のみならず天空におけるいかなる運動でも、そのことごとくを隅々まで完全に解明できる、その壮大な美しい理論に圧倒される思いであった。どうして一人の人間がこのようなことを考えつくのだろうか。神の創造の力なしには、とてもこれは不可能なことだという思いであった。

先にもちょっと述べたが、「アマデウス」という映画で、サリエリという音楽の大家がモーツァルトの作品に初めて触れる場面がある。モーツァルトの奥さんが彼の作品をサリエリに見てもらおうと思って訪ねてくるのである。サリエリは初め「何だ駆け出しの若造か」くらいの気持ちで、その楽譜を受け取ったのだろうが、それに目を通していくうちに、そのあまりの美しさに心奪われ天を仰いで茫然として、思わず楽譜を取り落とす場面がある。モーツァルトの音楽は、その後、音楽を愛するあらゆる人々に感動を与え続け、二百年以上たった現在でも、その素晴らしさは一向に衰えないどころか、ますますその輝きを増している。まして近代音楽の黎明期に、初めて彼の音楽に接したサリエリの感動はいかばかりだっただろう。

これもいつか映画で見た場面だが、ラファエロが先輩のダヴィンチのアトリエに訪ねてくる。とそこに多分完成したばかりの「モナリザ」があった。ラファエロはその画面の前に茫然と立ち尽くし、ただ黙ってはらはらと涙を流す。一言のセリフもないその場面は、二時間も三時間も続いていくようであった。

神の創造本然の世界は、すべての生活がまさに以上のように真と美と感動の雰囲気に満たされた世界であると見ればよいだろう。現実の堕落世界から、この創造本然の世界に戻すのが、復帰原理であるが、この復帰の厳しい道のりを行くために心得ておかねばならない神の創造の原則を統一原理は明確に述べている。

人間は責任を果たして完成

ユダヤ教、キリスト教では、神が人間を〝神の似姿〟として創られた、としている。同様に、統一原理では人間を〝神のように完全なものとなるよう〟に、創造されたと主張する。

統一原理が特に強調していることは、人は生まれた瞬間から完成されているのでなく、一定の成長期間を経過し、その間、〝果たすべき責任を果たして初めて完成する〟という原則で創造されているということである。いわば人は可能性と方向性は神から与えられているが、それに加えて人間の努力、責任を果たすという努力が加わって、初めて完成するように創造されているのである。そしてその努力の期間が〝成長期間〟なのであって、その間はまだ未完成の段階の中にあるということである。（アダムとエバの堕落は、まさにこの未完成の段階で起こった）。

この考えはむしろ極めて常識的ではあるが、多くの宗教では神の全能性を謳うあまり、神がすべてを成す、神にすべてを任せるという考えが支配的であるため、表立って取り上げられない盲点となっている。そのため神が創造されたものは完全であるべきはずなのに、なぜ堕落という悪が入り込んだのかという疑惑が生まれる。こうして神の創造自体にも疑念が生じ、結局、神などいないという無神論に陥る落とし穴となるのである。

神がすべてを成すのではない

こうした考えは、また人間の側の責任分担ということを含んでいる。統一原理では、「神の地上への摂理は、人間が責任を果たさなければ決して実現しない」と教えている。神側が九五パーセント、人間は五パーセントの責任分担で摂理がなされるというのである。この五パーセントという数値は一応の目安であって、この数値が四パーセントになっても、三パーセントになっても、それほど問題とは思えないが、要するに神がすべてをなすのでなく、人間が責任の一端を担っているということが重要である。

これもまたある意味では、常識的である。もし神がすべてをなすなら、人間はロボットにすぎない。数学の教育でも、生徒は自分の責任で問題を解かねばならない。先生が全部解いてしまったのでは何もならない。生徒は独力で問題を解く力を養っていって、やがては先生を追い越すまでの実力を持つようになる。まさに神は人間が神のように成長するために人間に責任を与えたのである。ここでもまた従来の宗教が神の全能性を称えるあまり、人間の責任というものをあまり強調しなかった欠陥があった。こうして神が全知全能なら、なぜサタンを滅ぼしてこの地上から悪を根絶しないのかという議論がまかり通り、結局は、この地上に悪があるという現実から、神などいないという無神論に帰着することになるのである。

「神はあるのか、ないのか?」

ドストエフスキーは小説『カラマーゾフの兄弟』の中で、イワンという無神論者が、修道院に入ろうとする純真な弟アリョーシャに向かって、神が愛の神であり、全知全能なら、なぜこの地上に見るも無惨な悪が存在するのかと詰問する下りを書いている。そしてその無惨な例として幼児の虐待と虐殺をイワンは挙げている。確かに原爆によって黒こげになった十四、十五歳の少年少女を目の当たりに見る時、我々もまたイワンの問いで神を、あるいは神を信奉する人をなじりたくなる。こうしてイワンは、この疑問のため無神論を捨てきれない。いやドストエフスキー自身も一方において神への信仰を持ちながら、一方において無神論の思想に惹かれるという葛藤に悩まされたに違いない。「神はあるのか、ないのか?」とドストエフスキーは彼の小説の随所で、登場人物たちに叫ばせている。キリスト教の深い伝統を持つヨーロッパ、特にロシア正教の盛んなロシアにおいて、無神論的啓蒙思想がひたひたと押し寄せる時代、ドストエフスキーは生涯この問いを問い続けたのではないだろうか。

神の全能性を強調しすぎたキリスト教

のちほど復帰原理のところで詳説するが、人類史上人間が責任を果たさなかったが故に、神の摂理が挫折していく悲劇が次々と繰り返されるのである。その最たるものがイエスの十字架である。当時のユダヤ人の長老たちを中心とするユダヤ民族が、その責任を果たさなかったために、イエスは十字架にかかったと統一原理は見ている。既成キリスト教では、イエスの十字架を神の本来の摂理と見る。神の全能性を謳うキリスト教が、神の摂理の挫折を言うことは受け入れがたかったのであろう。

イエスの十字架という現実を説明するのにキリスト教は、イエスが全人類の罪を負って、十字架にかかるためにこの地上に来られたのだという教理を打ち立てた。これは旧約聖書に予言されていることだと、新約ではことさら強調している。しかし、イエス自身は弟子の不信仰によって自ら死の道に行くしかほかに道がなくなる状況になるまでは、一言もそう言ってはおられない。ゲッセマネの祈りの中でさえ、「できることならこの苦杯（十字架）を取り去ってください」と神に祈っている。統一原理では、イエスはこの地上に神の国を建設するために来られたと主張する。そしてキリスト教の教義の確立には、主としてパウロが中心になったのではないかという見方をしている。つまり現在のキリスト教は、イエスの真の教えというよりは、パウロ神学であるという見方をしている。いずれにせよ、キリスト教の上記のような教義は、やはり人間の責任ということを無視し、神の全能性に固執しすぎたためであろう。

責任と自由

さて成長期間、責任分担のほか、神の創造の原則としてもう一つ、神の非干渉圏である〝間接主管圏〟という概念がある。人間は成長期間中は、神が絶対に干渉しない圏内にあるというのである。つまり人間はこの間、「原理軌道」つまり方向性が示されただけで、神から干渉されない自由を持っていると同時に、責任を持つのである。間接主管圏にある人間が、その自由の中から正しい方向性を自ら悟って自己の責任を完遂することを、神は期待を持って見守っておられる。しかし、自由とは選択肢が無限に多いことであり、その中には放縦へ堕落していく道がいくらでもあり得る。その中からたった一つの正しい道、神への道をつかむからこそ貴いのである。「自由は自律となって初めてその意義を持つ」と言ったのは、カントであったと思う。また、次のような聖句は誰でも耳にしたことがあるであろう。「狭い門からはいれ。滅びにいたる門は大きく、その道は広い。そして、そこからはいって行く者が多い。命にいたる門は狭く、その道は細い」（マタイ七・一三～一四）。

いずれにせよ、統一原理の説く〝成長期間中の責任分担と神の非干渉性〟は、古来人類の課題であった自由と責任の問題を見事に解明している。人類の始祖アダム・エバはこの自由の中から、神への道を選ぶのでなく、放縦への道へ堕落したのである。そして、神はなぜかくも人類を混乱と矛盾に陥れる堕落を阻止しなかったのか、黙視したのかという疑惑に、まさにこの自由の問題が解答を与えている。

もし神がアダムとエバに干渉してその堕落を阻止したら、人類の中から貴い自由が失われるのである。神はサタンに引かれていく人類を断腸の思いで眺めながら、なおかつ人類の中に残っている神性と可能性に期待しつつ、人類が我がもとに戻ることを、長い長い間、忍耐を持って待ち続けておられるのである。統一教会で歌われる聖歌に次のような一節がある。

帰れわが子よ、速《と》く帰れよや
我が主は日毎、訪ね求めて
夜毎戸を開き、心痛めつ
去りし愛《いと》し子を待ち望みたもう（聖歌三十二番、二節）

愛の絶対性

統一原理の説く創造原理のもう一つの特徴は、〝愛の絶対性〟とも言うべきものである。キリスト教でも「神は愛である」と説くが、神の創造はその愛の現れであると統一原理は説く。神は人間を愛の対象として創造された。神は人間を愛するために人間を創造された。また人間は神の似姿として創造されているのだから、人間の中の愛は絶対なものであると言うのである。愛はエゴと正反対の心情、対象を大切に思い、生かそうとする心である。この地上に愛を探そうと思えば、それはまさに「親が子を思う心」であると言えば一番近いものだろう。愛の冷え切った現代でも、まだ親が子を思う気持ちには愛が満ちている。

イエスはいつでも神のことを「我が父」と呼びかけておられるが、神と人間との関係は、まさに親子の関係であることを統一原理でも繰り返し主張している。

神は愛であるとは、愛は原理性つまり法則性や倫理より上位にあるということになる。そして、その愛の中でも、男女の愛が最も基本であり、父母の愛、子女の愛、兄弟の愛、友人の愛など、すべての愛の始まりであると統一原理は説いている。だから男女の愛の中に、精神的にも肉体的にも、最も大きな愉悦と歓喜が与えられている。サタンはそこをねらったのである。神の与えた最も貴い男女の愛を我がものとし、曲がった、誤った愛に変えてしまったのである。これこそが、統一原理の説く堕落論の真髄であり、人間の愛と性に対する認識上最も重要な点である。

統一原理は、四種類の愛、つまり夫婦の愛、親への愛、子への愛、兄弟の愛のうち夫婦の愛が最も基本であり、精神的・肉体的な両面を持っているもので、さらに他の愛にはない一つの重大な特徴があると説いている。

例えば親への愛は、自分の親への愛を他へ拡張することは許されるし、他人の子を自分の子と同様に愛することも、むろん推奨されるべきものである。兄弟の愛は、当然友人への愛、ひいては社会への愛に発展されるべきものである。これこそ博愛の精神なのである。

ただ夫婦の愛だけは絶対にこのような拡張は許されない。自分の妻あるいは夫への愛と同じような愛を、他の女性あるいは男性に向けることは絶対に許されない。それくらい夫婦の愛は唯一絶対のものであると統一原理は説いている。

愛による家庭完成

創造本然の男女の愛と性が、歓喜に満ちたものであるのに、現実のそれにはどこか後ろめたさがあるのは、まさにこの愛のサタンによる汚辱によって人類始祖が堕落したからである。この堕落がない本然の男女の愛は、それが夫婦の愛につながり家庭を成し、その中で子供たちが育成され、両親の子供への愛が生まれ、その中でまた子供の親への愛、子供同士の兄弟の愛が芽生える。やがて子供たちが成長して社会に出れば、友人や同僚への愛、ひいては地域への愛、企業への愛、国家への愛と発展していく。このように男女の愛がすべての愛の始まりなのである。

仏教でも、儒教でも、あるいは真摯に人生を考える人たちは、人格の完成ということを重視するが、統一原理では個人の人格完成もさることながら、夫婦の愛による家庭の完成を重視する。愛が絶対であるから愛によって互いの人格もまた完成されるのである。文鮮明師は「どんなに立派な業績を残した人でも、奥さんから『Ｙｅｓ！』と言われない人は失格である」と言っておられる。むろんこの逆に、夫から「Ｙｅｓ！」と言われない女性も失格である。

性の退廃を拒否

特に仏道修行による人格完成を説く仏教では、女性はむしろ修行の邪魔者として極力避けようとする。宮本武蔵が、慕い来るお通さんから何とか逃れようとするのも、女性は修行の邪魔になるといった儒教か武士道か、何らかの意識が働いていたに違いない。仏教のある宗派では、僧は生涯性交を禁じられているという。もしこれが理想なら、人類は存続し得ない。その他の宗教でも、異性との交渉を邪道と見て、極力避けようとする傾向があるのは、明らかに人類始祖の堕落が性的なものであって、これを汚れたものと見る観点が意識下に潜在しているからであろう。統一原理は、誤った男女の愛、フリーセックスや浮気など、これこそサタンの誘惑によるものと断固として退けるが、正しい男女の愛、神によって定められた一夫一婦の愛は、人間の中で最も重要なものとして祝福し、謳歌するのである。

しかし、現代ではこの正しい男女の愛が完全に失われ、性的淪落が世界に蔓延している。村田孝四郎氏の『反面教師アメリカ』（河合出版）には、アメリカにおける高校生の性的退廃の様子が詳説されているが、これはまさに目を疑いたくなるほどひどいものである。しかし、日本でも決して安心はしていられない。高校生、中学生の少女が、テレクラによって中年男性を売春に誘うという。これを誘発しているのは、世の大人たち、中年男性であり、フリーセックスやポルノを売り物にするテレビ、週刊誌、新聞など、また性の解放を進歩的かのごとく誇らしげに語る無責任な評論家たちである。これに対して、現代合理主義は、これを「NO」と言って否定する何の根拠も持たない。まさに神がなければ、論理的帰結として、すべては許されているのである。エイズの蔓延はこうした性退廃に対する神の警告であると見る人もいるが、統一原理だけがこれをNOと言って主張できる確固たる根拠、つまり堕落論を持っているのである。統一原理は創造論によって、真の愛の貴さを最もよく知っているが故に、偽の愛を堕落論によって最も強く拒否するのである。

愛は人生の目的

創造原理における最も大きな特徴は、「神は愛である」という主張であることを初めに述べた。つまり、これは人間の理想が愛であることにほかならない。真や善や美は愛から生まれる〝愛の結果〟であるという。学者として生涯を学問に捧げたり、芸術家として美の追求を目指すことは、立派には違いない。しかし、愛すること、つまり他者を生かそう、他者のために尽くそうとする心情を失ったら、これは的外れの人生を送ることになる。愛を失った学問や芸術は、神から離れて心の喜びを失い、やがて虚無に陥り、退廃してくる。現代の学問や芸術がその危機に置かれていることは多くの人々が認めているところである。

人生の価値を金と物であると割り切ってしまうような人は論外であるが、科学者になりたい、音楽家になりたいという夢を持っている人々でも、学問や芸術で身を立て、世の中に貢献できる人々は、先にも述べたように、ほんの一握りの人々である。学問や芸術を志しても、その第一線で活躍できないような人々、さらにごく平凡な会社のサラリーマンとして生活している人々、もっと言えば、知的にも遅れ、身体も不自由な、いわゆる身障者の人々などの生活の中にも、もし愛を生の目的とするなら、そこに大きな生きがいと喜びが生まれてくることがわかる。どんな人でも、他のために何らかの形で尽くすことはできる。寝たきりの身障者の人でも、その人を介護してくれるボランティアの人に「ありがとう」と心からお礼を言ってあげることによって、その人に喜びの心を与えることができる。

隣人を愛せよ

神は愛であるから、愛を実践している人は神の心がわかるようになる。つまり、永遠の生命を知るきっかけが与えられる。イエスに向かってある青年が「永遠の生命を得るにはどうすればよいか」と質問した。それに対するイエスの答えは「あなたの隣人を愛しなさい」であった。「聖書を読め」でもなく、「律法を守れ」でもなく、「真理を探究せよ」でもなく、また「修行して人格を完成せよ」でもなかった。隣人を愛することが、永遠の生命を得ること、つまり神を知ることになるというのは、まさに神は愛であって、愛の実践によって神の心がわかるからである。こう考えてくると、「神は愛である」という教えは、恐るべき価値観の革命である。統一教会では、「他のために生きる」という愛の実践を生活の根本として教えている。

聖書の創世記には、「生めよ、増えよ、地に満ちよ、万のものを治めよ」と書かれているが、統一原理では、これらはそれぞれ、〝個性完成せよ〟、〝家庭を成し種族繁栄せよ〟、〝万物を主管せよ〟、という「神の三大祝福」ととらえている。現代社会の経済行動の基本である物を生産して、それを販売するという活動は、このうちの万物を主管することに相当する。現代社会は、明らかにこの三番目の万物主管に重点が置かれ過ぎていて、より大切な最初の二つは、全くないがしろにされているのである。ここに大きな歪みが生じたのである。

第七章　人間の霊性

宗教は霊界を問題とする

人間はこの地上の七十年あるいは八十年の肉体の生命が終われば、すべてが終わりなのか。つまり、死は無に帰すか。またこの三次元の地上の現象空間に存在する、目で見え、耳で聞こえる現象がすべてなのか。それ以外のいわゆる霊界といわれるものが存在するのか。この問題は単なる好奇心の問題だけでなく、人類の人倫を確立する上においても重要な問題である。簡単に言えば、もし死で一切が終わりなら、この地上の生活すべてが空しいものとなるし、また逆に考えれば、どんなに勝手なことをやっても、死によって一切が水に流されてしまうのだから、構わないということになる。これはまさに、神がなければすべてが許されるという思想にもつながる。

もともと神ご自身は霊的な存在であられる。誰も神を見たことがない。およそ宗教と呼ばれるものは、何らかの意味で霊界を問題とする。その点が、近代科学が宗教を毛嫌いし、宗教と相容れない原因になっているとも言える。統一原理でもすでに堕落論のところで述べたが、むろん霊界を認め、人間は〝肉身〟と〝霊人体〟とから成り、肉身がこの地上を去っても霊人体は永遠に霊界で存在するという、人間の魂の永遠性を説いている。この点キリスト教と全く同じである。

仏教でも魂の永遠性を説くが、仏教では人間の魂は永遠の過去から存在していて、その魂が肉体に宿って、この地上の人生を営み、肉体が滅びると、魂が霊界に行き、しばらくしてまたこの地上の別な肉体に宿るという、いわゆる輪廻転生の考え方が主流である。三島由紀夫の『豊饒の海』（新潮社）はこの輪廻転生を扱ったものだし、幸福の科学の大川隆法氏もこの考えに基づく多くの本を出版している。また幸福の科学の前身といえるGLAという宗教団体があるが、その教理では転生の平均的周期までも解説している。またこうした転生の証拠と見られる多くの事例が仏教と関係のない、一般の人々の間にも起こっていることを立証する説も多い。

しかしキリスト教でも、統一原理でも、魂（霊人体）はこの地上の出生の時、肉体と共に生まれ、肉体と共鳴しつつこの地上での生を生き、肉体が滅びたのちは、永遠に霊界で生きると説いている。いわば、仏教では魂は初めも終わりもなく、また増えも減りもしないことになり、キリスト教系では初めはあるが、終わりがなくどんどん増えることになる。いずれが正しいかの議論はともかくとして、いずれも霊界の存在と魂の永遠性を主張する。

また立花隆氏の『臨死体験』（文藝春秋社）には、一度死にかけて生き返ったような人々が見たという現象に関する膨大な事例が分析されているが、ここに霊の実在を何とか実証しようとしている氏の意図がうかがえる。さらに「霊界を科学する」とか、「科学は心霊現象をいかにとらえるか」など、霊界を科学的に解明しようとする試みは、近年特に多くなっている。

ニューサイエンスの分野でよく言われている話だが、一昔前は、「あなたは霊界を信じますか」という問いに対して、「むろん信じませんよ、私は科学者ですから」という答えが返ってきたが、最近では「むろん信じますよ、私は科学者ですから」という答えになっているとのことである。

地獄霊を追い出す力

霊界からの力がこの地上に及ぶと、いわゆる超常現象として現れることになる。ユダヤ教、キリスト教でいう奇跡というのは、この超常現象である。ユダヤ教ではモーセの時代には、かの有名な紅海の水が割れた奇跡をはじめとして、多くの奇跡が旧約聖書に記されている。新約聖書では、イエスの奇跡は有名である。イエスが悪鬼に憑かれた人の霊を豚に入れたら豚が大挙して海に飛び込んだとか、手を触れただけで病が治ったとか、七つのパンを五千人に与え、なおたくさん余ったとか、イエスが湖の岸から水の上を歩いて沖にある船まで行かれたとか、ある高い山の山頂でモーセとエリヤの霊と話をされたとか、いろいろの記録が書かれている。また現代でもユリ・ゲラーとか、サイババといった超能力者がたくさん現れて、上記のような奇跡に近い超能力を発揮している。

私自身も、もうずいぶん前になるが、前述のGLAに入会していたことがあり、その教祖の高橋信次氏の講演をよく聞きに行った。氏は講演の後にいつでも「現証」ということをやられる。これは霊界の人々と話をしたり、聴講者の中から地獄霊に憑かれた人を呼び出して、その霊を追い出すというような、いわゆる超常現象をやられるのである。氏は、いわゆるノイローゼといわれる人のほとんどが悪霊に憑かれた人であり、現代の医学では治らないと言っておられた。

ある日のこと、氏は講演が終わった後、聴講者の中の一人の青年を指して、「君、ちょっとここに来なさい」と言って、その青年を壇上に呼び出した。氏は、その青年に地獄霊が憑いているのが見えたので、その霊を追い出そうというのである。氏はその青年（その青年に憑いている地獄霊）に「あなたはこの者から出てきなさい」と説得を始める。その青年（の中にいる地獄霊）は何かうめくような声を出している。我々には何を言っているかわからないが、多分出ていくのは嫌だと言っているのだろう。そんな問答が十分ほど続くが、その内いよいよ出ていかないとわかると、高橋氏は両手の手のひらで大きく虚空をあおって、それと同時に「フーッ」と大きく息を吐き出して、その息をその青年に向けて吹き付けるようにする、と途端にその青年は棒のように硬直したまま、パターンと床にたたきつけられるように倒れる。周りのお弟子さんたちが、抱きかかえるようにして起こすと、青年はびっくりしたような顔をして、辺りを見回している。地獄霊が彼から出ていったのだ。「どうです。気分が良くなったでしょう」と高橋氏は青年に話しかけ、さらに「あなたは普段の生活態度が良くないから、悪霊に憑かれるのです」と諄々と説教を与えるのである。

私はこれを見た時、イエスが悪鬼に憑かれた人の霊を追い出したという聖書の話を思い出し、この二十世紀の現代にも、イエスのような人が現れたのかなあと、まことに不思議な思いにとらわれた。

母の霊感

また、これはよくある話だと言われるが、私の兄が戦死した時、私は中学生で母と一緒に暮らしていたが、その朝、母がはっきりと「太郎兄さんが今朝、軍服姿で会いに来たのよ。兄さんは天国に行った」と言ったのを覚えている。兄はフィリピンのレイテ湾沖で乗っていた駆逐艦が轟沈して戦死したのだが、その後一、二カ月後、兄の戦死の公報が来たようだが、まさに母の言ったちょうどその日、その時間であった。吉田松陰が江戸で処刑されたその瞬間に、萩にいた松陰の母が息子の死を知ったというのも有名な話である。これらは、いわゆるテレパシー現象に相当するであろう。

こうして私自身は、母の霊感や高橋信次氏の現証を目の当たりにして、霊界の存在や人間の霊性を、もはや疑うわけにはいかなくなった。現代の科学的方法で、この存在を実証したりすることはできないとしても（この点はまたあとで詳しく述べることにするが）、誰でも先祖の墓にお参りをしたり、お盆には先祖の霊をお迎えするなど、人間の霊の存在を暗黙のうちに認めているに違いない。

先に触れたように統一原理では、人間とは〝肉身と霊人体とが合体したもの〟と見ており、人間の心はこの〝霊人体の中心にあるもの〟と見ている。肉身が食物や日光からエネルギーを得て成長するように、霊人体は愛の実践や祈りによる神からのエネルギーによって成長すると見ている。こうした発想は、むろんほとんどの宗教と似た考えであるが、しかし他の宗教や思想にはいまだかつてなかった霊に関する統一原理特有の思想がある。それは、動物は肉身のみを持っているが、霊体は持っていない。また肉身は持たず霊体のみ持っている存在が霊界にあって、それが天使と呼ばれるものであるという考えである。むろんこの地上を去って霊界に行った人間は天使と同様に霊体のみを持つ存在になることになる。つまり地上に存在する人間のみが肉身と霊体を併せ持つことになる。

先に述べたルーシェルは知の天使の長であったが、そのほかにもミカエル、ガブリエルなど、情や意の天使長があり、また一般の天使の話も聖書にはしばしば登場する。ヤコブと相撲を取った天使、ソドムとゴモラの町に警告を与えるために来た天使など。日本では、天使という言葉からは、純真無垢で心が清らかというイメージを持つが、統一原理では、天使とは文字どおり天の使いとして、神の僕として神の創造を助け、また人間の教育や世話をする役割を持つものとして、神が創造された存在であると説いている。人間は神の子であるが、天使は神の僕であり、本来人間のほうが位が上であるが、人間はその天使長であるルーシェルによって堕落したため霊性が低下して、人間自身、自分たちの心は汚れているが、天使の心は清らかであるという認識をいつの間にか持つようになってしまったのである。

進化論と創造論は矛盾しない

さて、人間、天使、動物という存在を見ると、人間は霊人体と肉身を持ち、天使は霊体のみを持ち、動物は肉身のみを持つという。この認識は、「進化論」と「創造論」という、今までは矛盾対立の典型として相容れなかった二つの思想を見事に統一するものである。

進化論は周知のように、人間は下等動物から徐々に進化して、やがてほ乳類となり、サルの一種の種から進化したものと説き、これに対して考古学的出土品や頭蓋骨の化石などを証拠物として、それがほぼ立証されたという。

現代人の常識と通念は、ほぼこうしたものだろう。それに対してキリスト教、特にカトリックは、人間は神の創造になるもので、その先祖がサルであるとはけしからんというわけで、上記のダーウィンの説の出現以来、延々と論争が続き、現在においても決着がつかない。むろん統一原理も創造論の立場に立つ。しかし科学的に見れば、物的証拠をこれだけ挙げられたら、創造論は勝ち目はないだろう。私は創造論も進化論も共に正しいと思う。なぜかを以下に述べよう。これは私見であるが、統一原理の「人間は肉身と霊人体とを併せ持ち、動物は肉身のみを持つが霊体は持たない」という、この主張に基づいたものなのである。

大まかに言えば、進化論は人間の肉身についての議論であり、創造論は人間の霊人体についての議論であるということになる。人間の肉身はやはり進化論の言うように進化したと言ってよいだろう。しかし人類進化のある段階で、それがオーストラロピテクスであったか、あるいはクロマニヨンであったかはわからないが、ある個体が受精したその時に、神が霊人体をその受精卵に吹き込まれた。

そしてその瞬間から人類が誕生した。つまりその個体がアダムであり、また別なもう一つの個体が受精した時、神はそこに霊人体を吹き込まれ、それからエバが生まれたと言えないだろうか。こうして二人が初めてこの地上に神が創造された、霊人体と肉身を併せ持つ人類の始祖となる。事実聖書にもアダムに父母がいたことがほのめかされている。（創世記二・二四に「それで人はその父と母を離れて……」とある。）

肉身としては他の類人猿と同じであっても、この二人だけが、人類であり、他のすべては動物である。アダム、エバは堕落したとはいえ、霊人体を持っているこの二人と、肉身だけの動物である類人猿とは、その知識から言っても情操から言っても、歴然たる差が現れてくる。以上が人類誕生の過程であり、こう考えれば創造論と進化論は矛盾するものではないと言えるのである。

統一原理は人間以外の被造物を万物と呼んでいる。したがって動物も万物の一部であり、ユダヤ教、キリスト教と同じく、当然動物も神の被造物であると主張する。したがって、動物が単純な下等動物から高等動物に進化するその過程は、進化論の言うように自然淘汰とか適者生存というような機械論的な偶然的な作用で進化したのでなく、その一こま一こまに神の意志が働いたと見るべきであろう。科学全体がそうであるように、進化論は何らの意志とか意識といったものを排除しようとする。科学は客観的観測結果に基づいて、論理的推論をたどって到達できる命題のみを真理と見るが、論理では意識とか目的とかを扱えないからである。

第八章　ニューサイエンス

ニューサイエンスの台頭

現代科学が、霊界とか奇跡とかのいわゆる超常現象に対して、非科学的というレッテルを貼って拒否反応を起こしている間に、最近ニューサイエンス（ニューエイジサイエンスとも呼ばれている）という新しい科学が台頭してきて、超常現象をまともに科学的に扱おうとする気運がある。

もともと現代科学は、物質とエネルギーの解明には見事な成功を収めたが、心とか意識とかの問題に対してほとんど無力といってよい。むろん心理学や大脳生理学によって、人間の心や意識はある程度解明されていると、当事者は考えておられるだろうが、これらのほとんどが、特に最近は、心や意識を脳の情報処理作用として解明しようという、いわゆる還元主義的立場がとられている（『還元主義を超えて』アーサー・ケストラー、工作舎）。

しかし、盲視の現象など説明のつかない現象（『意識とは何か』苧阪直行、岩波書店）が多く出てきて、明らかにこのような方法には限界がある。特に「あこがれ」とか「喜び」とか「愛」とか「信仰」といった心の働きや、発明発見の「アイディア」などの問題は、とても還元主義では説明できない。例えば、モーツァルトはどのようにしてあんなに素晴らしい楽想を得るのだろうか、などの問題は、とうてい脳の情報処理作用では説明できそうにない。

こうした広義の意識こそ、むしろ意識の本質というべきであって、これは統一原理の説く霊人体、つまり霊性の働きと見るのが、至当であると思われるが、ニューサイエンスのアプローチは、むしろこれに近いと言えよう。

意識といえば、人間に見られるような自己意識に限って考えられがちであるが、プラトンのいわゆる〝イデア〟とか、仏教や、特に禅で説かれる〝宇宙意識〟などの広い解釈が必要である。フロイトやユングのいう〝無意識〟とか〝集合無意識〟とかいう概念も、これらと密接に関連しているように思われる。統一原理でも、宇宙には〝万有原力〟が満ちていると説いているが、これは宇宙意識そのものであると思われる。

人間の「気」、宇宙の「気」

人間の意識と宇宙の意識、この両者を見事に説明するものこそ、古来東洋で、特に中国で、研究されてきた「気」というものである。インドではプラナと呼ばれるものも「気」である。

ニューサイエンスでも「気」は重要な研究テーマの一つである。事実、すでに二十年ほど前になるが、私が勤務していた筑波大学でも、「気」の国際シンポジウムが開かれたことがある。会場では、「気」の実演が行われ、何か神主のような人が現れて、「気」を山から呼び出すという、従来の学会とはおよそ趣の異なる、奇妙な場面が展開されたのを覚えている。「気」は外国語に翻訳のしようがないので、そのまま「Qi」と、特に頭文字を大文字で書いて、表現されている。

ニューサイエンスの提唱者は、デヴィッド・ボーム（一九一七〜一九九二）とか、フリッチョフ・カプラ（一九三九〜）など、いずれも西欧人であるが、「気」をはじめいずれも東洋文化に強い関心を示している。ニューサイエンスはまさに西洋と東洋の架け橋であり、かつ科学と宗教の架け橋なのだ。また従来の科学の対象である物質文明から、より高度な精神文明への架け橋にもなる、大きなきっかけとなる新しい文化の基礎を築くものと私は期待している。

統一原理も、まさにその名の示すとおり、宗教と科学の統一、東洋と西洋の統一を目指している。今まであまり触れなかったが、統一原理では神の特性を「性相と形状および陽性と陰性の中和体」と特徴づけているが、東洋における陰陽思想がその一つの基盤となっている。

「気」は中国が起源であることは言うまでもないが、日本にも気の字の付く言葉がいかに多いかは驚くほどである、気風、気迫、気骨、気合、気力、気違い、元気、病気、気落ちする、気が抜けるなど、それこそちょっと「気が付いた」だけでも五十や六十はすぐ出てくる。

上に書いたのは、人間の意識の状態を表す言葉だが、おもしろいことに、これらとは一見無関係に見える、天空や宇宙の状態を表す言葉、大気、空気、気象、電気、磁気などにも同じ気の字が使われていることである。これは明らかに、人間の中にある「気」と宇宙全体に満ちている「気」が同一のものであることを、太古の人（おそらくは中国人）がすでに知っていたことの表れであろう。これは西洋にはない、まさに東洋の知恵であると言ってよい。

「気」の流れ

今は日本でも、気功が大はやりだが、気功には〝小周天法〟と〝大周天法〟があり(『気の人間学』矢山利彦、ビジネス社)、前者は人間の体内に気をどのように巡らすかを中心とする訓練法で、後者は大気から「気」をどのように体内に取り入れるかを体得するものである。中国に行くと、早朝公園などで多くの人がやっている太極拳は大周天法に相当する。つまり「気」は宇宙全体にも人体にも満ちていて、人体の中でも「気」の流れが滞る時、いわゆる病気になると気功師たちは考えているのである。

よく知られているように、人体内の気の流れの経路が、いわゆる〝経絡〟で、その経絡が交差集中している所が〝経結〟、つまり〝ツボ〟である。漢方医学では、人体の経絡とツボの詳しい構成図が作られているが、経絡に相当している解剖学的存在は何一つないのである。つまり経絡もツボも科学的に観測可能な実体ではないということになる。これは霊界や霊人体が科学的に観測できないことと同じである。

このことは、経絡やツボは統一原理の説く霊人体の構造の中にあると見てよいのではないだろうか。つまり経絡やツボ、あるいは「気」そのものも確実に実在しているのに、現代の科学では観測不可能である。しかし、近々ニューサイエンスがこれを解明するに違いないと私は確信している。例えば、江本勝氏の『波動の真理』（PHP研究所）という本の中に、MRという装置の説明が載っているが、この種のものが、こうした研究の突破口になるのでは、と私なりにひそかに期待している。

最近は医学でも、漢方や気功が取り入れられ、「気」は重要視されているが、ここで注意しておかねばならないことがある。現代科学では、あるいは現代合理主義社会の通念では、気自体も客観的存在として、機械論的に取り扱おうとする態度が強いことである。「気」は人間の霊性に密接に関係し、エゴイズムに毒された心を持つと、「気」は濁り、感謝の気持ちや愛の心が「気」を浄化するといった、宗教的認識が欠けていることである。「気」の状態は、その人の人間性や魂の修養、人格と密接に関連する主観的なものである。これは宇宙意識、つまり神の実体と人間の霊の実体は「気」であることに基づいているからではないだろうか。こうしたことを深く説いている本が先に引用した矢山利彦氏の『気の人間学』（ビジネス社）である。

「気」のエネルギー

ＧＬＡの高橋信次氏が青年についている悪霊を追い出した話を前にしたが、その時おそらく、高橋氏から強力な気のエネルギーが青年に降りかかり、その力で悪霊が青年から離れたのだと思う。高橋氏は、イエスと同様、手かざしでいろいろな病気を治しておられた。氏は手のひらから「光」を出して病を治すのだと言っておられたが、この光とはまさしく「気」にほかならない。病気とは文字どおり気の病、つまり気の不調和だから、調和した強い「気」を当てることによって病が治るのであろう。

私も高橋氏の合宿訓練に参加したことがあったが、氏は参加者に対して手のひらから光を出す方法を教授された。今考えてみると、それは先に述べた小周天法に近いものだったと思う。氏は「皆さんの手から光は出ていますが、まるで蛍の光のように弱い光ですね」と言っておられたのを覚えている。

現在日本でも、「気」に関する本は先に述べたもののほかにも数え切れないほど多く出版されている。例えば天外伺朗氏の『「超能力」と「気」の謎に挑む』（講談社）によると、気功師の気の力で大の男が吹き飛ばされて、超スピードで壁にたたきつけられるという話もある。またＮＨＫでも、中国に行って禅の訓練を受けた経験者の講演が放映された。この時も同じように、人が吹き飛ばされる話があった。このような強力なエネルギーというのは、統一原理で説く万有原力、つまり宇宙全体に満ちあふれているエネルギーがその気功師を媒体として、発揮されるものと思われる。

波動としての「気」

それならこの宇宙全体に満ちあふれ、人体の中にも流れている「気」の正体は何なのか。私は「気」は波動であると確信している。波動というものは、ある媒体を通して伝播するもので、振動数、振幅、波長さらに波形によって特徴づけられる。音は空気を媒体とする波動、地震は地殻を媒体とする波動であるし、さらに目に見えてわかりやすいのは、海岸に打ち寄せる波は海水を媒体とする波動である。また池に石を投げ入れると、そこから同心円状に広がっていく波も水を媒体とする波動である。

可視光線、いわゆる光も電磁波もX線もガンマ線も、同一の媒体の波動である。ところがこれらの媒体は、現代物理学では真空ということになっている。音は空気が媒体だから、真空中は伝わらないのであるが、光は真空と思われる宇宙空間も伝わる。何も存在しない真空中を波動が伝わるというのはおかしいというわけで、かつてはこの宇宙空間には、物理的には観測できないが、エーテルという物質が充満していると考えられていた。しかし物理的ないろいろな矛盾が出てきて、今ではこのエーテル仮説は否定されている。

そこで光や電波は「真空中を伝わるものだ！」という仮定で議論が進められている。二つの物体間に働く万有引力も、その原因はともかくとして、それらの質量の積に比例し、それらの距離の二乗に反比例する力が物体間に働くという仮定の下で理論を進めていって、何の矛盾も起こらないから、これが真理であろうということになっている。最も万有引力の場合は、現代物理学は空間の歪みなどによるいろいろな説明がなされているようであるが。

「気」も光や電波と同様、宇宙空間をあまねく伝播する波動であると思う。しかしその波長がX線やガンマ線などよりははるかに短く、極微であるため、物理的には観測不可能である。振動数は波長に反比例するので、波長が短いことは振動数が極めて高いことを、つまりエネルギーが極めて大きいことを意味する。

ニューサイエンスでは〝プランクスケール〟ということがよく言われる（例えば天外伺朗氏の『ここまで来たあの世の科学』祥伝社）。現代物理学では、プランク定数hというほぼ十のマイナス三十三乗センチメートルの値があって、それ以下の長さの物体は原理的に観測できないと言われている。このhの値以下のような短い長さのことをプランクスケールと言っている。気の波長もおそらくこのプランクスケールの範囲なのであろう。

固有振動と共鳴

さて物体は、その物体固有の、固有振動数というものが定まっている。例えば建物を考えると、その材料や構造の特徴から固有振動数が定まり、地震波の振動数がちょうどその建物の固有振動数に「一致する」と、いわゆる共鳴現象を起こして、地震波のエネルギーをもろに受け取って、破壊してしまうということが起こる。

ここではわかりやすく「一致する」と言ったが、詳しくは地震波の振動数と物体の固有振動数の比が、比較的簡単な整数比となることが共鳴現象の条件である。例えば音楽の和音は、振動数の比が整数比になる時、共鳴して協和音となる。一オクターブの違いは振動数が二倍であり、五度の和音は二分の三倍となっている。この協和音の条件が共鳴現象の条件と同じである。

さて気功師などが出す強力なエネルギーは、この宇宙空間の「気」の波動がその人の「気」の固有振動数と共鳴現象を起こし、宇宙空間に充満する「気」のエネルギーが、その人を通じて発揮されるに違いない。

人によって「気」の固有振動数が異なるために、宇宙の「気」は、ある人には共鳴するが、他の人には共鳴しないということが起こる。また同じ人でも、意識をうまくコントロールすれば、宇宙の「気」に共鳴させることができるが、コントロールがまずければ、共鳴が起きず、力を発揮できないことになる。

音楽の波動、神の波動

これを拡張解釈すれば、素晴らしい音楽を聞いて感動するのも、美しい絵画を見て感動するのも、その音楽や絵画が発する波動に、その人の固有振動数が共鳴するからにほかならない。同じ音波であっても、ある人には天来の妙音と感動する音楽も、別の人には単なるうるさい雑音としか感じられないのは、人によって音楽を感受する固有振動数が異なるからである。私の友人で、交響曲というのは何を聞いても全部同じに聞こえると言っていたのがいたが、彼は残念ながら音楽に感動する固有振動数を全く持ち合わせていないのである。

神を感ずることができるか否かは、その人の固有振動数が、神の波動に共鳴するか否かによって決まる。しかし人間の固有振動数は、建物のように固定しているものでなく、意識のコントロールによっていろいろと変化し得る。先に述べたように、エゴイズムを捨てた愛の実践によって、またあこがれや敬虔の念や感謝の念を持つことによって、また悔い改めや祈りによって、神の波動を感知できる固有振動数の持ち主になることができる。

統一原理では、肉身が水や食物や呼吸によって維持、成長するように、霊人体も、愛の実践や、祈りや神からの霊の吸収によって維持、成長すると説いているが、これは人間の気の固有振動数を神の波長に共鳴するような訓練を言っているのである。

常識の頼りなさ

さてニューサイエンスの提唱者には、先に述べたボームやカプラなど物理学者が多いが、現代物理学自身が、その先端では、すでに日常の常識では考えられない、いわゆる超常現象に直面している。例えば、「量子力学」によれば、電子などの素粒子は粒子であって波動であり、同時に二カ所以上に存在するとか、「相対性理論」によれば、物体の長さや質量は、その物体に固有のものでなく、その物体の運動の速度によって変化するのであって、例えばその物体が光の速さに近い速さで運動すると、その長さはどんどん縮むと言うのである。

つまり現代の大多数の人々の持っている常識というものは、はなはだ頼りない怪しげなものであることがわかる。かつては地球が動くなどということは、とても常識では考えられなかったに違いない。地球が動くなら、どうして建物がぐらぐら揺れないのかとか、高い建物の上から物を落としたら、真下に落ちないで、少しずれて落ちるはずではないかとか、様々な、今考えると荒唐無稽とも言うべき愚問をやたらと出して、地動説を否定しようとしたのである。「それでも地球は動く」と言ったガリレオの説が正しかったことは言うまでもない。

今は民主主義が錦のみ旗であって「民衆の総意によって」と言えば万事まかり通る世の中だが、果たして民衆の総意などというものが人類を真理に導くだろうか？　イエスを十字架にかけたのも、当時の民衆の総意であり、ヒトラーを台頭させたのも、日本の軍国主義を諸手を挙げて賛成したのもみな、民衆の総意であったことを忘れてはならない。

ニューサイエンスの方法

現在ではニューサイエンスの研究者が多くいるが、その第一人者は何と言っても、先にも述べたディビッド・ボームであろう。ボームは量子力学の立場からニューサイエンスの思想に至った物理学者であるが、彼の著書『全体性と内蔵秩序』にその思想の根本が述べられている。

量子力学で取り扱う極微の世界における様々な奇妙な現象、電子などの素粒子は粒子であって波動であるとか、同時に何カ所にも存在するとかいった現象から、いったい物の実在とは何か、またそれを認識するとはどういうことかといった、根本から考え直す必要に迫られる。

普通の常識は、いわゆるデモクリトスの原子論とも言うべきもので、あらゆる物体と言うものは、粒子の集まりとして空間にある位置を占めて存在しているという考えであろう。物理学も初めはすべてこのような実在論、認識論から出発したものと思える。

このような考えのもとに、目で視て、手で触れるといった人間の感覚を頼りに、人間のあらゆる活動が行われ、万事支障がなく日常生活が進められている。したがってこのような実在に関する認識は、我々人類の中にあまりにも自明の理としてしみついているため、これを疑ったり、この認識から抜け出すことは容易ではない。

しかしボームは、この原子論的立場を根本から疑ってかかる。ボームは、このように我々が万有の実在の根本であると考えている粒子というものは、彼のいわゆる全体運動（ホールムーブメント）の一つの抽象にすぎないと見るのである。この全体運動というのは、極めてわかりにくい概念であるが、仏教のいう「空」とか「無」に極めて類似している。また「色」というのは、全体運動の抽象として現れる粒子という概念に相当する。事実、ボームは自分が苦心して到達した認識が、東洋ではすでに数千年前に述べられていることに驚嘆するのである。

「全体運動」を「空」と言い換えてみても、わかりにくいことには変わらないが、ボームは一つの具体的比喩で、上記の書物の中に詳しく説明しているので、ここでその概要を述べてみよう。

同心円状の二つの円筒の間に、グリセリンのような粘性の高い液体を満たし、そこに一滴のインキをたらす。そして外側の円筒を静かに回転させる。何回も回転させると、インキの一滴は糸のように引き伸ばされ、やがて肉眼では見えないほど細く引き伸ばされる。そこで今度は、外側の円筒を逆に回転させていく。そうすると何も見えなかったところから、次第に糸のような物が見え始め、ちょうど元の位置に戻ると、突然インキの一滴が姿を現す。

このように円筒の中のグリセリンの運動（全体運動）の中で現れたり、消えたりするインキの一滴のようなものの集まりに対して、我々は視覚や触覚を通して得た認識の中で、それを確固とした実在と見ているだけであると言うのである。

ボームは、このように我々が実在と見るものは、すべてこの全体運動の中にたたみ込まれた存在であって、それを一つの抽象化された秩序として認識しているにすぎないという考えに立っている。また我々の意識も同様にこの全体運動の中にたたみ込まれたものであって、物と意識の区別を認めないような認識を持っている。

これは物体と精神をはっきりと区別し、精神が対象である物体を認識するところに意識が生まれるというデカルト流の考え方、あるいは人類のほとんどの常識とは大きく違った立場である。これはむしろ、仏教、特に禅の悟りのような認識で、物も意識もすべて共通の無の中に溶け込んでいるという考えに似ている。

しかしこのボームの思想は、決して何か突飛な飛躍ではなく、実は現代物理学が、実験という論理的思索の粋を尽くして、その最先端がたどり着いた究極の認識にすぎないということがわかる。

こうしたことを懇切丁寧に解説した本が、先にも出た、やはりニューサイエンスの提唱者のもう一方の旗頭である、フリッチョフ・カプラの『タオ自然学』（工作舎）である。

むろん、この本はボームの思想の解説を目的としたわけではなく、現代物理学、特に相対論と量子力学の歩みとその認識過程を東洋思想、特に道教つまりタオイズムに関連させつつ、一般の人にわかるように書かれた本である。

ニュートン力学は、はっきりとデモクリトスの原子論の立場に立って、物体の運動を解明している。運動の基本を〝質点〟という粒子が、絶対静止の空間を移動するという立場から解明していく。このニュートン力学の素晴らしい成功から、やがてこの方法が、物理学の隅々にまで行き渡り、物理学では物体というものは、細分していけば、それ以上分割できない最小単位の粒子から構成されているに違いないという認識に立脚するようになる。

こうして分子、原子に到達し、原子はさらに原子核とその周りを回る電子にまで分解され、原子核はさらに陽子と中性子から成ることがわかってきた。電子、陽子、中性子、それに光を粒子と考えた光子の、四種類が究極の粒子、つまり最小単位であるかに見えたが、原子核の核力の研究から、湯川秀樹氏により、いわゆる〝中間子〟が発見され、さらにこの中間子が何種類もあることがわかり、やがてこれらの素粒子は何百種類もあることがわかってきた。

こうなると、これらの素粒子がとても究極の粒子とは思えなくなり、これら素粒子は、さらにより小さい基本粒子から構成されているのではないかという観点から、その基本粒子を探求すべく物理学者たちの苦闘が始まった。

やがて現在判明している素粒子を、その電荷やスピン（角運動量）で分類すると、極めて組織的な規則性があることがわかり、そこから類推して、何種類かのクォークという粒子の存在を仮定すると、それらの組み合わせで各素粒子が構成されているという実に見事な解釈が生まれたのである。

例えば陽子は、二つのアップ・クォークと一つのダウン・クォークから成り、中性子は一つのアップ・クォークと二つのダウン・クォークから成るなど……。

一方物理学は、粒子の運動の基本となる力の解明を目指してきた。ニュートン力学の基本はまさに重力、つまり万有引力であった。このほか、電磁気力、さらに原子核を構成する「強い力」、素粒子崩壊などに関連する「弱い力」という四種類の力が、宇宙に存在する力のすべてである。従来は、これらの力の存在は確認されていたが、一つの統一理論からそれらの存在を解明することはできていなかった。実はこれらの力の根源はいろいろな素粒子であって、粒子の解明が実は力の解明にもつながることがわかってきた。

こうして物理学は、物質というものを可能な限り細分して、またそれらの間に働く力の解明も含めて、究極に迫った完成理論を目指したわけだが、その結果は、物質の誕生というものが、時間と空間、つまり宇宙そのものの誕生に関連せざるを得ないという認識にまで到達した。宇宙は大きさの最小単位である十のマイナス三十三乗センチメートル、いわゆるプランクの長さという想像を絶する小さな点から始まり、百三十七億年の歳月を経て、現在の広大な宇宙にまで拡張し続けてきたという、いわゆる〝ビッグバン説〟が生まれたわけである。

このような小さな点から、様々な素粒子がだんだんに構成されていく過程は、〝超ひも理論〟という斬新な数学理論によって解明された。素粒子は紐の振動によって表現されるのである。この紐には、みみずのように一本のもの、輪ゴムのように輪になっているものの二種類があって、素粒子はこれらの紐の様々な振動にほかならないというのである。もっともこの紐の大きさは、上記のプランクの長さのオーダーの極微のものである。これは一見奇妙に見える理論だが、これによって今までどうにも統一的に論じ得なかった四つの力の統一理論が完成したのである。こうして超ひも理論は、物質の究極と同時に力の究極を解明するもの、いわば万有の真相を解明するもので、これによる物理学の完成も間近だ

と豪語する物理学者もいるという。（川合光『はじめての〈超ひも理論〉』講談社）

こうした現代物理学の素粒子論から発展したニューサイエンスのほかに、やはりボームや大脳生理学者であるプリブラム（一九一九〜）が唱えている〝ホログラフィモデル〟がある。

ホログラフィというのは、一つの写真技術である。普通の写真はレンズを通して、物体をそのままの形で画像に写すのに対して、ホログラフィは被写体に当てた光を半透明の鏡によって、直接光線と反射光線に分離してその二つが干渉を起こす位置にフイルムを置いて感光させる方法である。こうして撮影されたフイルムに光を当てると、被写体の実体像が浮かんでくるのである。光はできるだけ均一の波長にそろえるためにレーザ光線が使われる。

初めに一つの写真技術にすぎなかったこのホログラフィがいろいろな興味深い性質を持っていることから、プリブラムは人間の脳の情報処理構造がホログラフィ的であるというモデルを提案した。さらにこれらがエスカレートして万物の実在のモデルにまで拡張解釈され始めたわけである。

ホログラフィの最も大きな特徴は、フイルムに焼き付けられた情報は、被写体の各部分からの反射光が折り重なって干渉しているため、物体そのものの形とは似ても似つかない波形のような像である。これは数学的に言うと、被写体の情報のフーリエ変換であると言える。

フーリエ変換というのは、音声のように時間的に変化する関数によく適用されるが、音声のフーリエ変換は時間軸とは全く別な振動数の関数となる。したがって時間軸上の関数として表された情報が、フーリエ変換によって振動軸上の関数に変換されることになる。

音声分析の時は初めの軸は時間軸であるが、ホログラフィのような画像情報の場合は空間軸である。空間軸に対してもフーリエ変換は全く同じように適用されるが、この場合でも変換された新しい軸のことを振動数軸あるいは振動数領域などと呼ばれる。つまりホログラフィフイルムに焼き付けられている情報は、振動数領域のものなのである。

このフーリエ変換には、逆変換が考えられる。つまり振動数領域の情報を逆変換すれば、元の軸の情報が再現される。ホログラフィフイルムに光を当てて被写体の全体像が現れるのは、この逆変換に相当する。

フーリエ変換という操作の性質から、ホログラフィフイルムのどの部分にもその中には被写体のすべての情報がたたみ込まれているようになる。事実このフイルムを、例えば真二つに切断して、その半分を捨てて残りの部分にだけ光を当てても、全体像が実現するのである。ただし全部のフイルムを使った時よりは、幾分鮮明度が悪く、ぼやけた像になる。四分の一に切断した場合でもやはり、全体像が出現するが、鮮明度はさらに悪くなる。これは部分に全体が含まれるという東洋思想を彷彿させる。

このようなホログラフィを拡張解釈して、我々が実在と思っているものは、現れた全体像のようなもので、真の実在はホログラフィフイルムのほうではないかという思想が生まれる。前者に相当するものを明在系、後者を暗在系と呼んで、明在系がこの世、暗在系が霊界を表すといった解釈もなされている。

このほかにもニューサイエンスの研究者や方法論は多くあるが、統一原理とはかけ離れることになるから省略しよう。

いずれにせよ、このようにニューサイエンスの方法論は、まだ個々バラバラであり、未完成ではあるが、従来の常識とは大きく異なった立場で、実在とか認識を根本から考え直すきっかけを与えている。これらは、既成の科学が一笑に付していた気とか霊とかいった概念を、科学的に説明できる可能性を含んでいることだけは確かである。

第九章　メシヤとは

統一原理は堕落論で原罪について〝人間の病理〟という視点で説き、創造原理で創造本然の〝人間の理想〟を説いた。それなら病におかされた、原罪を持つ人間はどのようにすれば、病から癒えて本然の姿に戻るのか、つまり原罪が消えるのか。それを説いたのが「復帰原理」である。

人間的努力の限界

人生を真剣に生きようとすれば、誰もが人格を陶冶し、徳を高めたいと思うに違いない。そのために宗教や道徳の本を読んだり、高徳の師と言われる人の説話を聞いたり、隣人愛を実践したり、さらには仏道修行に献身するといったことをする人もあるだろう。

親鸞上人は若いころ、比叡山にこもって、修行に命を懸けた。しかし、ついに悟りを得ることができず、おそらくは絶望して、山を降り、法然上人に出会って、「弥陀の本願にすがる」という浄土宗の教えに帰依したのである。

この浄土宗の思想は、キリスト教や統一原理に極めて近いものがあるが、統一原理では悟りを得るための、つまり救われるための、このような親鸞上人が説く「他力本願」だけには限界があると説いている。この点はキリスト教でも同じである。それならばどうすればよいか。

その根本は「メシヤ思想」である。これはユダヤ教、キリスト教、統一原理という一神教主流の教えのみにある考え方で、おそらく他の宗教にはないだろう。特に日本ではキリスト教の伝統が弱いので、このメシヤ思想の説明をしておこう。特に統一原理の行う合同結婚式、つまり祝福結婚はこのメシヤ思想なしにはとうてい理解できない。

メシヤとは、真の父母

一般的にメシヤ、つまり救世主というと、この世を救う偉人という漠然とした意味でとらえているかもしれないが、キリスト教や特に統一原理では、メシヤというものは、はっきりした意味を持っている。それは人類の始祖、アダムとエバの代わりとして、人類の始祖、つまり大もとの親としての役割を果たす人である。人というよりは、一対の男女がメシヤなのである。そしてこのメシヤによって新生（生み変えられること。統一原理では「重生」という）しない限り、人間は救われないと見るのである。聖書にも次のように書いてある。「だれでも新しく生れなければ、神の国を見ることはできない」（ヨハネ三・三）。

人類の始祖とは、真の父母、人類の大もとの両親、つまりそこから全人類が生まれるべき源であり、本来神に次いで尊ばれるべき存在であるはずのものである。しかし、我々がアダム、エバに対して抱く感じはどうだろうか。単なる裸の男、女というイメージが先立って、そうした尊厳は全く感じられない。それはまさに堕落論で述べられているような堕落をして、始祖としての責任を果たさず、失敗したからにほかならない。彼らに代わって真の人類の始祖となるべき存在がメシヤなのである。

イエス・キリストと文鮮明師

イエスは、もしユダヤ民族がイエスを信じ、それに従って神の国建設に邁進していけば、当時のユダヤ教の祭司長ザカリヤの娘（洗礼ヨハネの妹）を妻として迎え、完全なメシヤとなるべき人であった。しかし、ユダヤ民族は、イエスを極悪人として十字架の極刑に処してしまった。つまりイエスは、その真の使命が果たされないままにこの地上を去ってしまったのである。

このあまりの不条理、あまりの悲劇を、おそらく当時のイエスの信者たちは正視し得なかったであろう。また第六章でも述べたことだが、神の全能性を信ずるあまり、このイエスの死は神の摂理であったと信ずる以外に、自分たちを納得させるすべを知らなかったと見ることもできる。

この考えを一つの思想としてまとめ上げ、現在のキリスト教の教義としたのは、主としてパウロであったであろうと、統一原理では推察している（野村健二『イエスの福音とパウロの福音』光言社）。こうして、イエスは全人類の罪を背負って十字架にかかるためにこの地上に来られたという、キリスト教の教義ができ上がったと見るべきである。つまり、キリスト教はパウロ神学であると統一原理では見ている。

ここで多くの人が気づいていない一つの重要なことを述べておきたい。スウェーデン・ボルグの霊界探訪記『天界と地獄』（静思社）などには、詳しく霊界の様子が書かれているが、ここにパウロの霊に会ったときの感想がある。キリスト教の普及という大きな業績のためおそらく天国の最高峰にいると思いきや、実はまことに寂しい孤独な境遇にいるというものである。

このことは、上記の話と深く関連する。簡単に言えば、パウロはイエスの真意、つまり真の神の摂理を正しく伝えなかったことの証である。現代のキリスト教の教義が主としてパウロによって立てられたものであるとすれば、これはキリスト教にとってまことにゆゆしき重大な意味を持つ。そしてまた、キリスト教の改訂である統一原理の真実を裏書きするものでもあるのである。

統一原理がイエスの生涯とその意義をどのように見ているかはのちに詳説するが、いずれにせよ、イエスの十字架による死のため、キリスト教ではメシヤ思想が曖昧のまま取り残されてしまったと見るべきであろう。したがって人類史上初めて統一原理によってメシヤ思想、すなわち、メシヤによって心情転換がなされ、心情的に生まれ変わる「重生」によって、堕落人間は救われるという原理が明らかになったのであり、そのメシヤの実体こそ文鮮明師夫妻であると見ている。これは文鮮明師自身すでに世界に向けて宣言されたところである。人類史上メシヤとしてこの地上に存在された男女は、まさに文師夫妻が最初である。

これは言い知れぬほど、貴重なことであるのに、人類がいまだかつて経験したことのないことだけに、無理解と戸惑いがあることは、無理からぬことである。統一教会の祝福、いわゆる合同結婚式が世の人々に不可解な振る舞いと見られるのは、このようなメシヤ思想が十分理解されていないからにほかならない。「あなたがたも用意をしていなさい。思いがけない時に人の子が来るからである」（マタイ二四・四四）との警告は、まさにこのことを指している。

メシヤの資格——無原罪

さてメシヤなるものの特徴が少しずつわかってきたと思うが、メシヤとしての資格は、まず無原罪であること、つまりサタンの心に犯されていない、神の与えた創造本然の素質を持っていることが、絶対条件である。今までの人類がすべて原罪に犯されたものなら、これをすべてほうり去って、全く新しく人類の始祖を創造されることも、神にとって可能であるかもしれない。しかしもしそうすれば、今までの人類の救いはどうなるのだろうか。

人は肉体が滅んでも霊は永遠に残る。この永遠性は神の定めた絶対の真理である故に、神といえども、一たび創造した人間を霊も含めてすべて抹殺することはできない。

この人間の永遠性という冷厳な真理を、現在の人々は深く考えてみなければならない。特に現代の日本は、精神が浮わついていて、あらゆるものが軽薄に、安直にとらえられ、永遠性からは程遠い。確かにこの地上の生活だけがすべてなら、人間の生は何と簡単なことだろう。神と永遠性がないなら、ドストエフスキーが言ったように、すべてが許され、またすべてが簡単に解決されると言えるだろう。

不良の息子を持った親は、彼を勘当することはできるだろう。しかし勘当することによって、果たして親の心は、満たされるだろうか。真の愛を持つ親なら、たとえ形は勘当しても、息子の行く末を終生見守って、何とか立ち直ってくれと、絶えず祈り続けるに違いない。

こうして神は、この人類の中から無原罪の子、つまりメシヤを送るために、いかに苦労されたかを統一原理は説いている。そしてこの苦労の最初の結晶こそ、イエス・キリストであったのである。この神の苦闘こそ人類の歴史そのものであり、その主流がユダヤ教の中にあり、旧約聖書はその記録であると統一原理は見ている。人間の側から見れば、旧約聖書はまさにイエスがメシヤであることを証すために書かれた書であると言える。イエスご自身も「聖書は、わたしについてあかし（証）をするものである」（ヨハネ五・三九）と言っておられる。しかし、このことは聖書の中に謎のような形で書かれたものであり、統一原理が初めてこれを明らかにしたのである。この理論こそ、復帰原理の中の血統転換と呼ばれているものであるが、これについてはのちほど詳説する。

メシヤの使命——新生（重生）

さてメシヤの資格は無原罪であることだが、その使命は、初めに書いたように、〝人類の親となって、人々を新たに生まれ変わらせる〟ことである。

新約聖書のヨハネ福音書三章に次のような話がある。当時のパリサイ派に属する議員であるニコデモという人が、イエスに神の国に入るには、つまり救いを得るにはどうすればよいかといった質問をした時、イエスは「新しく生れなければ、神の国を見ることはできない」と答えられた。

ニコデモは「人は年をとってから生れることが、どうしてできますか。もう一度、母の胎にはいって生れることができましょうか」と問い返すと、イエスは「風は思いのままに吹く。それがどこからきて、どこへ行くのかは知らない」などと、まことに不可解な謎のようなことを言って、ニコデモをはぐらかしてしまうような結末になっている。

これは、イエスがそのころすでに、ユダヤ教徒たちの反対のため、この地上では自分のメシヤとしての役割を果たせないことを悟っておられたため、不十分な答えしか言われなかったのではないかと私は見ている。

イエスはこの地上では、メシヤとしての使命を果たせなかった。しかし、イエスは自分を十字架につけた人々のために「彼らを許してください。彼らはやっていることがわからないのですから」と、文字どおり敵を愛する心情から、必死になって神に祈ったのである。これはサタンにも讒訴の隙を与えない、絶対的な愛と信仰であった。

このために神は、イエスの復活とペンテコステの摂理を進めることができたと、統一原理では解釈されている。イエスの復活は、一部の人々の解釈にあるような肉体的な復活でなく、イエスが霊人体として弟子たちの前に現れたものである。

いずれにせよイエスは、これによって霊的（生命体級）救いの摂理を行うことが可能になったのである。つまり霊的真の父としてのイエスと、霊的真の母としての聖霊によって、霊的にだけ新生して復活できる救いの使命を果たすことが可能になったのである。

三位一体説

先に述べたように、イエスが父としてのメシヤであるためには、相対として、母としての霊がなければならない。それこそが聖霊と呼ばれるものである。イエスの霊は、神を中心として、聖霊と一体化し、父母として人々の心霊を新しく生み返すという役割を果たしてこられたのである。

クリスチャンとしての真の信仰を持つものは、必ずや聖霊体験という体験をすると言われている。これは優しい慰めの霊に包まれる限りなく幸福な心境である。つまり聖霊という母の霊に包まれ愛される体験なのである。キリスト教でいう、父と子と聖霊という三位一体説はまさにこれをいっている。

この三位一体という従来のキリスト教では解明しきれていなかった思想が、統一原理によってこのように明らかになったのである。

キリスト教は霊的救いのみ

統一原理のキリスト教解釈は以上のようなものである。つまりこの地上では、イエスはメシヤとしての使命を果たせなかった故に、イエスの救いはこの地上における肉的な救いとしては未完成なのだという。しかし、復活の摂理によって、霊界においては、聖霊と共にメシヤとしての使命を果たしておられる。そこでイエスを信ずるクリスチャンたちは霊的な救い、つまり霊的新生が保証されているのである。

事実、パウロやペテロをはじめとする初期のクリスチャンたちや、新開地に開拓伝道をするクリスチャンたちの多くが、十字架にかかり、火あぶりに遭い、猛獣の餌食になったり、悲惨な拷問に遭って絶命していったのである。このことは、この地上での救いがないことを示している。しかし彼らは霊界においては、イエスと、そしておそらくは聖霊の温かい慰めを得て、魂の新生を得たに違いない。

遠藤周作氏の有名な小説『沈黙』（新潮社）は、島原の乱直後のクリスチャン弾圧の最も厳しい日本に伝道に来た、ポルトガルの宣教師たちの悲惨な物語である。

その主人公ロドリゴは、自分たちの教えを信じた善良な日本人たちが、無惨な拷問に遭って苦しみ、次々と悲惨な死を遂げていくのを見せつけられる。

ある夜、彼は捕らえられ、穴吊りの拷問にかけられて苦しみうめく信者たちの声を聞かされ、「お前が教えを捨てれば、彼らを助けてやる」と幕府の役人に棄教を強要される。

ロドリゴは必死に祈り続ける。「神よ、あなたへの信仰のために善良な友がかくも苦しみ死のうとしています。全知全能で愛なるあなたがなぜ彼らを助けないのですか。なぜあなたはこのような時にも沈黙しておられるのですか！」。

ロドリゴはこうした疑問に苦しみ続け、絶望に沈み、危うく無神論にすらなりかねない有様になる。「自分が教えを捨てる」と言えば、彼らは救われる。それこそが彼らに対する真の愛ではないか、とそう結論して、ついに彼は教えを捨てることを決意して、踏み絵を踏むのである。

確かに、このロドリゴの疑問、〝神の沈黙〟こそ、多くの真摯なクリスチャンたちが、また神への真剣な信仰を持つ人が、疑問に感ずるところである。ドストエフスキーもまた、この神の沈黙の故に有神論に踏み切れないで悩んだ一人に違いない。しばしば引用した『カラマーゾフの兄弟』の中の、イワンのアリョーシャに対する詰問がそれである。

クリスチャンであった遠藤氏は、この小説によって、ロドリゴを通して、神へ、あるいはキリスト教へ、詰問しているのではないだろうか。さて、この遠藤氏の疑問への解答とも言うべき本が野村健二氏の『神の沈黙と救い』（光言社）である。これは遠藤氏の『沈黙』に対する原理的な鮮やかな解答である。ぜひ一読されたい。

再臨のキリスト

上に述べたように統一原理は、キリスト教の救いは霊的救いのみであって、肉的救い、つまりこの地上での救いに対しては未完成であると主張する。イエスご自身、これを完成させるために、「私は再び来る」と言っておられる。一般のキリスト教では、この再臨の思想も曖昧になっているが、内村鑑三などは、特にこの再臨説を強く主張している。

統一原理では、このイエスの再臨を、イエスの使命を受け継ぐメシヤの再来と解釈し、その使命を果たす人物こそ文鮮明師であると主張し、そして今度こそ霊肉共に完全な救いを人類に与えるため、文師はこの地上に来られたと見ている。

さて霊肉ともの完全な救いとは、文鮮明師夫妻を真の父母として、重生し、原罪から解放されることである。ここで重要なことは、アダムとエバの罪が、誤った男女の愛の罪であるが故に、正しい男女の愛、つまり正しい結婚の形でしか、救いがなされないということである。これはあとで述べる「復帰原理」の「蕩減復帰の原則」に基づくものである。したがって、重生は結婚という形においてなされ、これを統一教会では、祝福と呼ばれ、いわゆる合同結婚式という形で行われる。

従来のキリスト教では、個人として、イエスを信じ、洗礼を受け、聖霊体験をすることによって、救いが得られることになるが、統一教会の場合は、復帰原理によって、個人としての重生は不可能である。必ず相対者と共に、つまり一組の夫婦となるべき男女によってしか祝福は受けられない。祝福は、つまり重生であり、救いであり、原罪が消えることであるから、仏教的に言えば、いわば悟りとも言うべきものであるが、それが決して個人ではなされないということになる。これは女人禁制の修行をして悟りを得ようとする、仏教の思想からは思いもよらないことであろう。

祝福結婚

祝福結婚には、キリスト教での洗礼のような、いくつかの形式的儀式はあるが、その本質は文師夫妻を真の父母と信じて、自分たちが新たに生まれ変わるという信仰を持つことである。しかし、これによって原罪が消えるということは実質的にはどのような意味があるのだろう。

原罪はもともと、サタンの誘惑から生じたものであるから、原罪が消えるということは、その人がもはやサタンとの縁が断たれることを意味する。「祝福を受けた子女には決して手を出さない」というサタンと文師との契約が、霊界においてなされるということである。

それなら統一教会員となれば、すぐに祝福が受けられるのだろうか。創造原理のところで述べたが、人間には成長期間があり、その成長の段階が、「蘇生」、「長成」、「完成」の三段階になっていると言われる。そしてアダムとエバは、長成段階の終わりで堕落したのである。したがってそのレベルに達するまでは、祈祷や伝道などの信仰生活を、実践修業を行って、人間の側の責任と努力によって到達しなければならない。具体的には、教会の牧会者らの判定によって、祝福の資格ありと認められた人のみが、推薦されることになっている。

また祝福を受けさえすれば、すべて聖人君子のような人格が得られるのだろうか。これはまたあとに述べる復帰原理にも関係するが、人間の罪は、原罪だけでなく、原罪を根とする「連帯罪」、「遺伝的罪」、「自犯罪」など様々な罪の累積があり、その結果、性格として結実した堕落性もあり、これらの解決も必要となる。そしてこれらの罪と堕落性本性は、やはり、人間の努力と修行によって一つ一つ解決していかねばならないもので、この地上に神の国を実現する道は、決して容易なものではないことは確かである。

しかしこの祝福こそ、神の国を知り、永遠の生命を得る第一歩であり、真の幸福と恒久平和確立の基礎なのである。

第十章　復帰原理

さて、人類を救い、創造本然の姿に戻し、この地上に神の国を実現するためには、何よりもまずメシヤの出現が先決であることは前に述べた。旧約聖書には、ユダヤ民族たちがどんなにメシヤを待ち焦がれていたかが記されている。メシヤなしには、人類の原罪がぬぐわれず、恒久の平和も真の幸福も決して得られないことを統一原理は強調する。

人類史上どれだけ多くの真摯な識者たちが、組織をつくり会議を繰り返し、条約を結んで、恒久平和と人類全体の幸福を確立しようとしてきただろうか。しかし、そのことごとくが、混乱と戦乱によって裏切られてきたのである。

第四章にも述べたが、二十世紀は、特にヨーロッパでは、人類の進歩と繁栄の世紀だろうと期待された。しかし、第一次世界大戦の破壊が始まった。その終結後、国際連盟が結成され、恒久平和の夢が実現したかに見えたが、第二次世界大戦では、第一次世界大戦の何倍もの破壊と殺戮が繰り返された。第二次世界大戦がようやく終わって、今度は国際連合が結成されたが、冷戦と核の脅威、カンボジアのクメール・ルージュに代表されるような共産体制の中の大量殺戮、こうした時代がベルリンの壁の崩壊によって終わりを遂げたのちも、民族紛争、アフリカの飢餓などで人類は苦しみ続ける。また一見平和に見える先進諸国の中の麻薬やフリーセックスによる性倫理の崩壊によるエイズの蔓延など……人類のどこに真の幸福があるだろうか。

人類は、もうそろそろ人間的努力の限界を知って、人間の無知と、人間のエゴの醜さを知って、統一原理の教え、神の教えに目を向ける時が来たことを悟ってもよいころであろう。この教えの中心こそ、人類がメシヤによって重生し、原罪を脱がなければ駄目だという教えなのである。

蕩減原則

こうして神は、アダムとエバの堕落以来、この地上にメシヤを送るために大きな苦労を払われたこと、そしてその結晶こそイエス・キリストであったことを先に述べた。神がご苦労されたのは何故かと言えば、決して無条件ではメシヤをこの地上に送ることができないからである。

人間がサタンの誘惑に遭って堕落したのだから、人間の側からそれを償う条件を立てない限り、神はアダムとエバの代身としてのメシヤを送ることができないというのが宇宙的原則である。またこれは、創造論の章で述べた〝自由と責任の原理〟でもある。これは人間の霊の永遠性などと同様に、神といえども、否、神だからこそ、曲げることのできない鉄則なのである。

これは人が何か罪を犯したとき、それを償うために刑に服するなどの条件を立てなければ、元の人権は再び得られないという人間社会の原則にも似た形で表れている。これが統一原理の説く復帰原理であり、罪を償ったり罪が赦されたりすることを「蕩減」という独特な言葉が使われている。そして罪を償い創造本然の姿に戻ることを「蕩減復帰」と呼んでいるのである。

このように統一原理の蕩減復帰は極めて常識的な思想ではあるが、この「蕩減の構造」を明確にしているところが、統一原理の深い内容である。つまり蕩減とは罪を償うことだから、「罪を犯した成り行きと、ちょうど逆の道をたどらねばならない」という原則である。

例えば、イエスはアダムの代身として、アダムの犯した罪を蕩減しなければならなかった。アダムは、サタンの影響を受けたエバの誘惑にのって神を捨てたため、イエスは神から見捨てられたとしても、神を愛する道を行くという蕩滅を受けなければならなかった。これが十字架の悲劇であると統一原理は説いている。

何故義人が亡び、罪もないと思われる人々が苦しむのか、という古来の疑問がこの蕩滅原則によって見事に説明がつく。前項で述べた遠藤周作氏の小説『沈黙』では、信仰篤いクリスチャンたちが、拷問に苦しみうめくのを見て、宣教師ロドリゴは、何故神は沈黙しておられるのかと疑問を抱き、ひいては神などいないのではないかという思いすら起こったのではないだろうか。

確かにこの世では、あまりにもこうした例が多い。インド独立のため、自分のすべてを捧げた、あの断食無抵抗主義のマハトマ・ガンジーは、最期には暗殺されてしまう。しかも同胞のインド人にである。また孔子は「五十にして天命を知る」と言ったが、井上靖氏によると、この天命の意味は普通考えられているような「天の使命」でなく「天の過酷な運命」であるという。ちょうど孔子の五十代は真に悲運の時にあり、これだけ修行を積み仁を施しているのにどうしてこのような目に遭わねばならないかと、天をなじりたいような気持ちであったとのことである。こうした現実を見るとき、神も仏もないと言いたくなるのも無理からぬことである。

この世の苦しみはなぜあるのか

このように歴史を見てみると、「正義は勝つ」といった主張が真に空疎に思えて、理想を求めて進もうという情熱に水をかけられる思いがし、「どうせ世の中に正義などない、あるのは弱肉強食の論理だけだ」といった考えに陥るのも無理からぬように思える。しかし統一原理の観点からすれば、神はすべてを知っておられ、正義は厳然として存在し、これらの人々はすべて蕩滅という、人類救済の貴い使命を果たして、神の義と栄光を表す、真に立派な生き方をしたと見ることができるのである。

蕩滅の使命を背負った人々は、何も以上のような歴史的人物だけとは限らない。人類の歴史上蕩滅すべき人物が逆に罪の上塗りをし、罪は借金がたまるように膨れ上がり、複雑な構造を持った、もつれた糸のようになっているのが現状である。障害をもって生まれる人、不治の病にかかる人、原爆で最愛の子らを失う人々、こうした人々はすべてこの積もり積もった罪を蕩滅する使命をもった人々で、しかもこれは人間の責任分担で解決されねばならないという原理的鉄則のため、神も干渉できない分野なのだ。

ずいぶん前だが、NHKのテレビで放映された例を紹介しよう。それは熱心なクリスチャンのご夫妻の例で、夫は高校の先生をしておられたが、全身の筋肉が次第に麻痺していくという治療の見込みのない難病、おそらく筋ジストロフィーにかかり、テレビ出演時はまだ下半身だけが不随であったが、その方は「今はまだ話ができますが、やがて上半身も不随になり、話すこともできなくなることを私は知っています」と言っておられた。その方自身はキリスト教の篤い信仰を持っておられ、真にしっかりしておられたが、その奥様が大きなショックを受け、自分たちの家庭の悲運を嘆き神をなじって酒を飲み、アル中にかからんばかりとなったそうである。しかし、ある牧師さんの話を聞いて初めてイエス・キリストの救いの真の意味を知り「今こそ夫婦そろってこの難病を神に感謝します。これは決して負け惜しみではないのです」と言っておられた。

なぜ難病にかかったことを神に感謝し得るのか。この常識では理解できないことも、蕩滅の原則から見ると納得のいく論理なのだ。「この私が蕩滅の使命を果たす責任を神から与えられた。この使命を果たすことが人類救済という最高の目的に貢献できる。これほど大きな意義はない」と。むろんこのご夫妻は、統一原理とは無関係の方だが、このようなことが無意識的にわかっておられたに違いないと私には思える。

やはりNHKで放映されたもう一つの例をお話ししよう。多分戦前の東北の農村の方と思われるが、十七歳の時ハンセン病にかかったことが判明し、群馬県だったかにある療養所に送られ、隔離されることになった。当時のハンセン病に対する世間の人々の対処がどのようなものであったか想像に難くない。すべての人から忌み嫌われ、遠ざけられ、世捨て人としての生涯が待っているだけだったろう。本人の苦悩もさることながら、これから世の果てに行かねばならない、愛する我が子を見送らねばならない両親の苦しみはいかばかりであったことだろう。

その方は、当時を懐古して言っておられた。「父は別れる時、『お前のその使命を果たしてこい！』と言ったのです」と、私はこれを聞いて感嘆の涙にくれた。「お前の使命を果たせ」とはなんと立派な父親だろう。まさにこの一言こそが、その時に言い得る唯一の言葉、つまり神の言葉である。いったいその使命とは何か。これこそ統一原理の説く蕩減の使命なのだ。おそらくその父親は、統一原理は知らなくても、その真理を知る智恵をもっておられたに違いない。まさにドストエフスキーが言ったように、真の苦悩を知ったものは九歳にして真理を悟るのである。

統一原理は、この矛盾に満ちた現実の世界の中で我々が真に生きる道は、この蕩滅の道であることを説く。神は確かに人間を喜びの対象として創られたけれど、蕩滅条件の晴れるまでは真の喜びは得られないと思わねばならない。そのような人生を感謝で生きてこそ、真の人生であると見るのである。

メシヤを迎えるための蕩滅原則

以上に蕩滅の一般原則を述べたが、人類がメシヤを迎えるための蕩滅もこの原則に則ったものである。つまり犯した罪の反対の経路をたどらねばならないというものである。

メシヤはアダム、エバの代身であるから、人類の代表者、中心人物がアダム・エバの犯した罪の蕩滅をしない限り、神はメシヤをこの地上に送ることができない。メシヤは真の父母となるべき男・女であるが、まず男性つまりアダムの代身が最初である。創造のときも、まずアダムが創られ、その後エバが創られた。

そこでアダムの犯した罪の構造をよく調べると、主として二つに大別される。本来アダムは、成長期間中に「善悪を知る木の実を取って食べてはならない」という神の言いつけを守り、その後神と一体となって、神のような完成実体とならねばならなかった。これが第一祝福である。

ところがアダムは神の言いつけを守らずに、未完成のままサタンの心に染まったエバの誘惑で、エバと関係を結んでしまった。つまり成長期間中に神への信仰を全うすることができなかった。これが罪の第一の構造である。

したがって、これを蕩減するために、中心人物はこの逆の経路を進まねばならない。つまり成長期間に相当する一定期間の間、神への信仰を守り通さねばならない。これを統一原理では、「信仰基台を造成する」と言っている。

アダムの罪の第二の構造は、サタン、つまりかつての天使長の思いに引かれて、神と一体化して完成実体とならずに、神から離れてしまったことである。本来アダムは神の実子として、僕である天使長を神の心で導いていかねばならない立場にあった。それがついに天使長の思いのままに動かされて神の心から離れたのである。

そこでこれを蕩減するためには、アダムの代身たる中心人物に相当する立場の人物と、天使長の代身として、もう一人の人物が現れて、彼が中心人物を神へ至る仲保として、尊敬し愛していかねばならない。また中心人物は天使長の代身者を神の心で愛し導いていかねばならない。これがアダムと天使長の犯した罪の道の逆の経路をたどることになるのである。

このように罪の第二の構造を蕩滅することを「実体基台」を造成すると言っている。信仰基台は中心人物一人で立てられるものであるが、実体基台は中心人物と天使長の立場の人物の二人の関係で成り立つものなのである。この信仰基台、実体基台がメシヤを迎えるための条件であるから、これらを総称して「メシヤのための基台」と呼んでいる。

アベル・カインの物語

さて、神はアダム・エバの堕落を見て、すぐにその代身たるメシヤを送るための復帰の摂理を開始される。つまり中心人物とその協働者を送り、メシヤのための基台を蕩滅することを願われるのである。

中心人物の最初の候補者がアダムの次男アベルであり、その協働者が長男のカインである。旧約聖書の創世記四章にあるあの有名な物語の主人公たちである。カインは農作物を、アベルは羊の初子を神に奉納したが、どうしたことか神はカインの捧げ物は顧みず、アベルの捧げ物を受け取られた。そのためカインは怒ってアベルを殺してしまうのである。

アベルは神に羊を奉納することによって信仰基台を全うするが、実体基台つまりアベルがカインを愛し、カインがアベルを仲保として神に帰るべき基台は完全に崩壊してしまった。神がカインの捧げ物を受け取らなかったのは、カインの使命は、つまりカインの立てるべき蕩減条件は、実体基台にあったからである。カインはそれを悟ることができず、アベルの成功を嫉妬したのである。またアベルも自分の成功のみを誇り、カインに対する思いやりの心に欠けていたため、こうした結果になってしまった。

神がアベルの捧げ物のみを受け、カインの捧げ物は顧みなかったという、この一見不公平ともえこひいきとも思える、不可思議な行動を今までどの神学者も当然ながら、答えを出していなかった。統一原理のみが蕩減の構造という点から明解な答えを出している。

さてここで、なぜ長男カインでなく次男アベルが中心人物として選ばれたのかという疑問が残る。一説としては堕落論で述べたように、カインは少なくとも霊的にはエバとルーシェルとの誤った愛の結果であったという考えもあるようだ。しかし、もっと自然な解釈がある。このことは第十一章の血統転換に関連して述べることにする。

画期的神学書：原理講論

聖書、特に旧約聖書の中には、不合理とも不道徳とも思えるような不可解な物語が随所に発見される。また、どうでもいいようなつまらない話も多い。私もかつて聖書を読んだとき、世の中では、神の霊によって書かれた聖なる書、永遠のベストセラーとか言われているが、いったいどこが聖なる書なのだろうかと思ったことがある。おそらくはユダヤ民族の神話や逸話をただ書きつらねただけのものだろうと、投げ出してしまったことがある。

しかし神学と呼ばれる学問は、実はまさにこの聖書（新約も旧約も含めるが）の研究をする学問なのである。日本にいるとあまり気づかないことだが、現在でも欧米の大学には必ずといっていいほど神学部があり、そこで聖書の研究をしているのである。

ルナンやシュバイツァーなどの聖書研究は有名で、多くの本が書かれている。日本では矢内原忠雄氏の『キリスト教入門』や犬養道子氏の『旧約聖書物語』『新約聖書物語』、また遠藤周作氏の『イエスの生涯』や『キリストの誕生』、さらには三浦綾子氏の『旧約聖書入門』『新約聖書入門』などの聖書入門書とかイエス伝が書かれている。古来どれほど多くの神学者やクリスチャンたちが、聖書の研究をしたことだろう。しかし、聖書の中の不可思議さは全く解明されないままであった。

実は聖書は一種の暗号の書なのである。それは真に神の心を体得する者のみにわかるように書かれている。中途半端な理解で安易な肯定に走るのを避けるためでもあろう。この暗号を統一原理が初めて解読したのだと言ってもよいだろう。私は統一原理によって初めて、ユダヤ教、キリスト教の真髄を理解することができた。またどうでもいいと思えるようなつまらない話、不合理とも思える話が実は重大な意味を持っていることが明らかにされた。

統一原理は聖書を単に解明しただけではなく、一貫した一つの原理、蕩減復帰の原理に基づいて解明しているのである。『原理講論』六百ページは、まさにその集大成である。これは先にも述べたように文鮮明師の統一原理のみ言葉と指導のもと、劉孝元氏がまとめたものであるが、その一貫性と論理構成の見事さは、とうてい他の神学書の追随を許さない。

この意味から言っても、統一原理はルターの宗教改革などよりはるかに画期的なキリスト教の改革である。あまりにも画期的であるが故に既成キリスト教から反対されるのである。

アベル・カイン連鎖

話を元に戻そう。アベル・カインの物語は実体基台の最初の典型であり、この人間関係は、その後の人類史上あらゆる場面で繰り返し現れてくるのである。本来なら、アベルはカインを愛し、カインは神により近いアベルを尊敬し、見習って神に近づくべきであった。このようになれば、実体基台が造成されたのである。

信仰基台、実体基台は、人類の代表者であるアベル的中心人物とその協働者、カインの立場の者が、メシヤを迎えるために立てるべき蕩減条件であるが、同時にこれは人類全体に神の心を普及させるための〝連鎖構造〟でもある。アベル的人物が、神を信仰し（信仰基台）、彼をカイン的人物が尊敬し愛し神に近づいていく（実体基台）。こうして当初カイン的人物であったものが、アベル的になり、彼に別のよりカイン的であった人物がつながっていくという連鎖構造で神の心が普及していくのである。

こうして見ると、人類の中には必ずアベル的人物とカイン的人物が現れてくることに気がつく。神は全人類を愛すると言いつつも、一律な無構造的な、つまりのっぺらぼうな愛され方をするのでなく、アベル・カイン的な連鎖構造があるのだというのが、統一原理の説く重要な認識である。人類全体と霊界の霊人全体を救済するにも順番があるというのである。おもしろいことだが、鄧小平氏の言った「（全体をいっぺんに豊かにするのでなく）豊かになれるものから豊かになる」という思想は、この原理的考えによく似ている。

このアベル・カインの連鎖構造は、人類の中に科学的真理や芸術的美が普及していく構造でもある。真理は民衆の総意などによっては決して発見されるものではない。一人の天才が現れ、彼の中の霊感によって得られた真理が、少しずつ彼の周りに浸透していってやがて全人類に伝わっていくのである。

先にも述べたが、ニュートンが力学の法則を発見し、それを「プリンキピア」にまとめた時、これを理解し得た人々はほんのわずかであったに違いない。それらの人々がニュートンの思想の素晴らしさに感動し、それを周りの人々に伝え、あるいは解説書を書いて、少しずつ普及していった。そして現在では、理工系の大学生のほとんどがそれを理解している。

このような真理の伝播がスムーズに運ぶためには、一人一人が優れたものにあこがれ、それを畏敬の念を持って謙虚に学んでいくという心が大切である。知的教育においても、こざかしい知識で分析批判するより、まず優れたものを尊重し、傾倒し、あこがれる心が大切である。「真理は、彼女の前に頭を低くたれるところにその泉を注ぐ」のである。

ユダヤ民族への祝福

さてアベルとカインによる実体基台の造成が失敗し、メシヤのための基台が崩れてしまって、神が再び中心人物として選んだ人物は、あの箱舟で有名なノアであった。ノアは、世間から気違い扱いされながらも、百二十年かかって山の上に箱舟を造るという信仰を全うし、信仰基台を完成するが、その息子ハムが父に対する信頼を失い、やはり実体基台は未完成に終わってしまう。この詳細は創世記九章の話となるが、ここでは省略しよう。

そこで神はさらにアブラハムを選ばれる。結論を急げば、このアブラハムから、その息子イサク、イサクの息子たちのヤコブとエサウによって、三代かかってついにメシヤのための基台が完成したのである。アベル・カインの失敗、ノアとハムの失敗の上に、三度目の正直として、ようやく待望のメシヤのための基台がつくられた。

このことが人類史上どんなに大きな意味があったか、また神の喜びがどんなに大きかったかは、統一原理を通して初めて明らかにされたことである。アブラハムが「信仰の父」と呼ばれ、ユダヤ民族が、このヤコブ以来イスラエル（勝利者）の民と呼ばれた理由もここにある。

このアブラハム、そしてイサク、ヤコブの成功によってイスラエル選民・ユダヤ民族は、神によって選民として愛され、極めて優秀な民族となったのである。学問や芸術などの文化の面で大きな貢献をしたユダヤ人たちがどんなに多いか、ちょっと考えただけでも数十名の名がすぐ浮かんでくる。

アインシュタイン、マルクス、フロイト、ディズニーなどはあまりにも有名であるが、ハイネや（マルセル）プルースト、（フランツ）カフカなどの文学者、化学者のハーバー、物理学者のマイケルソン、アインシュタインとの共同研究で有名な（レオポルド）インフェルト、音楽家ではメンデルスゾーン、シェーンベルク、マーラー、（アントン）ルービンシュタイン、オイストラフ、ハイフェッツなど、その他大勢いる。

数学者でも一般にはあまり知られていないが、ミンコフスキ、クーラント、ロバチェフスキ、ノイマンなど極めて多い。現代数学の巨峰と言われたヒルベルト自身はユダヤ人ではないが、彼を中心とするゲッチンゲン大学の数学者はクーラントをはじめとしてほとんどがユダヤ人であったと言われている。彼らがナチによってすべて追放されてしまって、晩年のヒルベルトは「ゲッチンゲンは空になってしまった」と嘆き悲しんだと言われている。

企業家でもロスチャイルド家は有名だが、アメリカの一流企業家にはユダヤ人が極めて多い。優れた政治家シュレージンジャー、キッシンジャーもユダヤ人である。中東問題でアメリカがイスラエルを特別扱いする理由もここにある。

このような世界的に有名な人物のほかにも、各専門分野で第一人者として世界的な業績を上げている、さらに多くのユダヤ人たちがいる。国籍はアメリカであったり、ドイツであったりするが、ノーベルプライザーの半数以上はユダヤ系であると言われている。ユダヤ人が何故優秀かは世界の謎とされ、多くの科学的研究もあるが、神による祝福というのが最も簡明な答えであろう。

ユダヤ人の優秀さに関する科学的研究の結果として重要な点は、いわゆる早期教育にある。この点も少し付け加えておきたい。ユダヤ教の信奉者はいわゆるタルムードというユダヤ教典を生活の指針にしているのであるが、この中に六歳までに聖書（モーセ五書・トーラー）を全部覚えさせるというのがある。

あの分厚い聖書を六歳までに全部記憶するためには四歳ぐらいから始めねばならない。つまり熱心なユダヤ教徒は子女に四歳ごろから聖書を初めから覚えさせるのである。意味がわかろうがわかるまいがお構いなしに、要するに全部を丸暗記させるのである。子供たちは、むろん嫌がって遊びに行きたがるが、それを押さえつけて無理やり覚え込ませるのである。全くの詰め込み教育である。

ところがこれをやると、大きくなってから何でもできるようになる。文学者ならいざ知らず、聖書の丸暗記が数学者や音楽家になるのに何の役に立つのだろうかと言いたくなるが、どうもこれがいいらしい。日本でも昔の武家の子女は、論語の素読をやらされたが、これも似たようなものだ。

統一原理でも七歳、十四歳、二十一歳を成長の節目と考えているが、七歳までには丸暗記（単純記憶）、十四歳までに論理的思考、二十一歳までに総合判断力を養うことがいいらしい。日本では、詰め込み教育はよくないという一般通念があるが、それは時機の問題である。

イサク献祭の謎

アブラハム、イサク、ヤコブの成功の結論を急ぎすぎたようだが、この成功の陰には、実に血と涙の苦闘があったことを忘れてはならない。これは創世記二十二章のあの有名なイサク献祭の話である。神はアブラハムに対して、その最愛の息子イサクを「いけにえとして献祭せよ」という途方もない無理難題を要求されるのである。

信仰の篤いアブラハムのことだから、神のためなら自分を犠牲にすることくらい、いといはしないだろう。しかし、まだいたいけない少年の息子を、しかも本妻サラが年老いた時に与えられた、たった一人の子を、自らの手で殺すことなどどうしてできるだろう。神はその前に「あなたの子孫は星の数ほど増える」と祝福して言われたのに。

アブラハムは神の真意をはかりかねて、三日三晩悩み、苦しみ抜くが、ついに神の言葉を絶対と見て、イサクをいけにえにする決心をして、彼を連れてモリヤの山へ登って行くのである。何も知らずについてくるイサクを見て、アブラハムの心境いかばかりであったろうか。この精神的苦しみに比べれば、どんな拷問による肉体的苦痛も、はるかに耐えやすいと言えるだろう。

いったい神は何故この信仰篤いアブラハムをこれほどまでに苦しめねばならなかったのか。これこそ、統一原理のみが明らかにした蕩減復帰の原則に基づいたものなのである。神が出したぎりぎりの結論、アブラハムに信仰基台を全うさせるためのたった一つの解決法とも言えるものだったのである。神ご自身このアブラハムの苦悩を見て、断腸の思いであったに違いない。「どうかこの苦悩を乗り越えてくれ」と必死の思いでアブラハムを見つめておられたに違いない。

実は、アブラハムはそれ以前に雌牛と羊と鳩の献祭によって信仰基台を達成すべきであったが、その献祭に失敗しているのである。これは創世記十五章にさりげなく書かれている話である。アブラハムは雌牛と羊を二つに裂いたが、鳩は二つに裂かずにそのまま捧げた。この時、荒い鳥が空から降りてきて、大きな恐ろしい暗い闇が彼に臨んだというのである。

捧げ物を二つに裂くということは、サタンを分別するという意味があって、重要な儀式であったが、アブラハムはついうっかりして鳥を裂くのを忘れたのである。これはサタンを分別せずに捧げたことになるし、また真剣さの欠如とも言えるため、信仰基台は完全に崩れてしまった。ここにサタンの象徴である荒い鳥がつけ込んだのである。この失敗を蕩減するための信仰基台の確立こそがイサク献祭であったのである。

一般に蕩減の法則として、先に罪を犯した経過の逆をたどるべきであるということを述べたが、このほかに蕩減の重さとして三つの場合があることを統一原理は説いている。一つは「還償法」で、これは犯した罪と同じ程度の償いをする場合で、いわゆる「目には目を、歯には歯を」という形式である。もう一つは「減償法」で、犯した罪より軽い償いで済む場合で、例えば子供などの責任の少ない人が罪を犯したような場合のものである。最後の一つは「増償法」とも呼ばれるべきもので、減償法に失敗したとき、はるかに重い償いをするもので、同じ罪を何度も繰り返したような場合に課せられるものである。この神の掟は人間社会にもそのまま当てはまる、いわば常識的なものと言えよう。

アブラハムの失敗を見て、神は新たな中心人物を立て、彼に信仰基台を立てさせることも考えられたに違いない。しかしアベル・カイン、ノア・ハムの失敗の後、三度目に立てられたアブラハムには何としても成功してもらわねばならない原理的な事情があったに違いない。しかし、そのためには最も重い増償法を課さない限りサタンの讒訴を逃れることができないのである。その結果が、イサク献祭となったわけである。

しかし、アブラハムがこの苦闘に見事に勝利し、イサクを刃物で殺そうとしたその瞬間、「あなたが神を恐れる者であることを私は今知った！」と言って、アブラハムの手を止めるという結論になったことはあまりにも有名である。アブラハムのこの絶対的な信仰に対して、さすがのサタンも讒訴することができなかったのである。

サタンの讒訴

統一原理では「サタンの讒訴」ということが、しばしば説かれる。本書でも断りなしにしばしばこの言葉を使ってきた。これは人間存在に対する、まことに深い洞察を含んでいる。従来の宗教が現実から離れた安易な肯定に甘んじ、思想家たちから相手にされなくなった主な原因は、この統一原理の言うサタンの讒訴という考えを全く説いていないというところにあると言ってもよい。

もともとサタンの目的は、神に反逆して人間を自分の味方に引き入れることである。神は人間に自由と理想を与え、ゆくゆくは神と同じように完成された存在になるように願っておられる。それに対してサタンは、人間とはそんなものではない、パンが与えられればそれで満足する程度の存在なのだ、ということを神にも人間にも示して、神の被造物たる人間の価値をおとしめようとしている。

ドストエフスキーの小説『カラマーゾフの兄弟』の中に出てくる大審問官とイエスの話は、このことをまことに見事に描いている。大審問官は、まさに聖書の中でイエスがしばしば言われる「この世の君」、つまりこの現実社会の支配者、サタンなのである。イエスの説く自由は人間には耐えられない、人間にはパンを与えれば十分なのだと言うのが、この大審問官の主張である。

この小説では、この場面は一種の抽象化された中世のことを言っているようだが、現在二十一世紀のこの地球上の先進諸国の社会に置き換えてみても、ぴったりと当てはまる人類の姿なのである。この本の最初に書いたように、この世の大多数の人々は、この地上で幸福な生活、つまり広い意味でのパンが与えられればそれで十分なのである。そのパンを捨ててでも神を知ることこそ人類の真の価値であることを統一原理は説いている。この価値を目指さない限り、サタンの讒訴を退けることができないのである。

サタンはあらゆる機会をとらえて、人間の思いや行為の中にあらわれる堕落性を指摘し、神に対して「どうです！　人間はあなたが望んでいるような立派な存在じゃないでしょう」と讒訴し、人間自身の中にも「どうせ人間とはこんなものだ」という自意識を植え付けて、人間をおとしめようとしている。これこそがサタンの執念であり、自己の存在理由なのである。

我々人間の中にも「神だ、理想だ、愛だ、などときれいごとを言っても、どうせ人間はエゴの塊なのだ」という意識に落としめられることがしばしばであるが、これこそがサタンの思うつぼなのである。このサタンの讒訴を退け、「自分こそ神の子だ」と言える人間を神は望んでおられる。神がアブラハムに対して、あのような厳しい試練で臨まれたのも、まさにこのサタンの讒訴に打ち勝つ行いをアブラハムにしてほしかったからにほかならない。

このサタンの讒訴と神との間に立つ人間の闘いを見事に描いた話が旧約聖書「ヨブ記」である。ここでは詳細を省くが、これを読んでいると、サタンという存在は一面において悪の権化であると同時に、一面において人間を監視する検事の役割を果たしているという見方すらできる。逆に言えば、悪の権化であるべきはずのサタンを、このような形で人間に役立たせる神の叡智を知るのである。鬼ヶ島の鬼のごとくサタンさえ滅ぼせば人間社会は幸福になるなどという考えが、いかに幼稚で無責任かがわかる。また人間社会の不幸の責任は結局において人間自身の中にあるので、それを反省しない限り、真の幸福は得られないことも、また痛感されるのである。

イエス降臨まで

さて、話がまた横道にそれた感があるが、アブラハムがイサク献祭によって見事、信仰基台を確立し、その成功をイサクが受け継ぎ、さらにその二人の息子ヤコブとエサウによって実体基台が完成する。

ヤコブがアベルの立場、エサウがカインの立場に立ち、初めはやはり犬猿の仲であったが、ヤコブが二十一年間ハランの地での苦役の蕩滅を見事に勝利して、そこで築いた巨大な財産をエサウの前に捧げて、エサウの憎しみをすっかり解き、二人は心から愛し合ってついに実体基台が完成したのである。

このヤコブの功績については、一般にあまり理解されていないようだが、彼の忍耐強い現実的な信仰と知恵を、統一原理は高く評価している。

いずれにせよ、このアブラハム・イサク・ヤコブの三代にわたる成功によって、「メシヤのための基台」は完成したが、それならその時メシヤは、この地上に送られたのだろうか。実は残念ながらそうはならなかった。その理由は、その時すでにサタン世界側では、エジプトなど国家レベルの組織ができ上がっていたが、神側のアブラハム一家は家庭レベルのものでしかなく、そこにメシヤが送られても、とても国家レベルのサタン世界には太刀打ちできないからである。

そこでこのメシヤのための基台は、国家レベルのものにまで拡張せざるを得なくなったのである。その経過こそが、ユダヤ民族の王国建国からイエス生誕までの歴史をつくったのである。

まずヤコブの息子ヨセフのエジプト渡来後、四百年の間、イスラエル民族はエジプトの奴隷としての蕩滅生活を送る。やがて、かの有名なモーセによる出エジプトの民族大移動を行って、カナンの地に移り、そこにイスラエル王国が創立するのである。サウル、ダビデ、ソロモンなど歴代の王がイスラエル建国に力を尽くすが、幾たびの分裂、外敵の侵入を受けながら、ようやくにして待望のメシヤ、イエスがここに送られたのである。

こうして、実はイスラエルの栄枯盛衰の歴史は、単なる偶然の積み重ねではなく、神の復帰の摂理、つまりメシヤ派遣の歴史であると見ることができる。その証拠に、この歴史は常にアダムからアブラハムまでの、つまりメシヤのための基台が成立するまでの経過の、ある意味での繰り返しが行われていると見ることができると言うのである。

この歴史観こそ統一原理の持つ独特の歴史観であり、その詳細に『原理講論』のかなりのページが割かれている。また旧約聖書の中心をなすものが、このイスラエル民族の歴史である。したがってこの統一原理の歴史観は、旧約聖書の全く新しい解釈を与える神学を生み出したとも言える。先にも述べたが、この一見不可解な旧約聖書に、これほど見事な一貫した解釈を与えたものはとうてい他に見いだすことができない。イエスをして「聖書は私のために書かれた」と言わせたその謎を、統一原理が見事に解いているのである。

ここでは、イエス生誕までのイスラエル民族の歴史が実は、神の復帰摂理の歴史であることを述べたが、それならイエス以後現代までは、どう解釈されるのか。統一原理は、これもまたメシヤのための基台成立までのパターンの繰り返しであると説く。かくして人類の全歴史は、神の復帰摂理そのものの現れであり、決して偶然の積み重ねではない、という一貫した歴史観を統一原理は持つのである。この点、詳しくは野村健二氏の『統一原理とは』（光言社）を参照されたい。

第十一章　統一原理のイエス観

アブラハム、イサク、ヤコブの立てたメシヤのための基台が、モーセ、ダビデ、ソロモン等を通して、国家レベルにまで拡大され、ついに神がこの地上に送られたメシヤがイエス・キリストであった。イエスのことについては、今までもこの本の中でしばしば触れてきたが、ここでもう一度振り返って考えてみたい。

イエスという不思議な存在

遠藤周作氏がしばしば述べているように、おそらくイエス・キリストほど不思議な存在はないだろう。イエスは全く無力な人間であったが、ただ無条件の愛を持っていた。彼を捨てて、彼を裏切った弟子たちや自分を十字架にかけたユダヤの人々を、少しも憎んだり、恨んだりしなかったどころか、「彼らを許してください」と神に願いながら死んでいった。極悪な罪人と一緒に、十字架という極刑を受けて死んでいった。それにもかかわらず、やがて人類のメシヤとして、神の子としてあがめられる存在となった、と遠藤氏は主張する（『イエスの生涯』新潮社）。

イエスという人の一生を、初めの章で述べたような日本の現在の社会通念による価値観、自分の一生の幸せのみを求めて生きる人生観から眺めてみたらどうだろう。これほど不幸で、これほど無意味で、これほど惨めで、馬鹿げた一生はないだろう。およそ非現実的な、なにやらわからない、神という観念にとりつかれ、愚かにも社会の権威に楯突いて「お前たちは地獄に行く」などと大言壮語を繰り返したため、極悪人として十字架の刑を受け、誰からも見捨てられて、死んでいった人間。これがイエスの一生であると言える。事実、ある思想家は、イエスをドン・キホーテ的な存在であると見ている。現在の日本社会の通念から見れば、誰もが「こうはなりたくない」と思うような一生であった。

しかし、このイエスこそ、人類のメシヤとして神がこの地上に送った人間であった。それを当時のユダヤの社会通念は見抜けなかった。ユダヤ社会のおそらくは当時の最高の識者であったユダヤ教の長老たちの、衆知を集めた判断が、イエスをメシヤと見抜くことができなかった。これはあとで、詳しく述べたいと思うが、主に〝エリヤ論争〟によって、イエスは偽メシヤと判断されたのである。そしてその決定的な原因が洗礼ヨハネであると統一原理は見ている。これは従来のキリスト教には全くない、新しい観点である。いずれにせよこのことは、人間の知識というものがいかに浅はかかということの証である。

しかし、イエスを最終的に十字架に定めたのはユダヤの民衆であった。当時ユダヤはローマの、一種の植民地であったが、その総督ピラトは「この人に罪は認められない」と判断したが、そこに集まったユダヤの民衆が「イエスを十字架にかけろ！」と一斉に叫んだため、ピラトは暴動になることを恐れて、イエスの十字架刑を決定したのである。これまた民衆の総意なるものが、いかに愚かで危険な判定をするかの証である。

十字架は神の摂理か？

これも今までしばしば述べてきたが、イエスの十字架という事実に対するキリスト教の教義、神の子であるはずの救世主が罪人として十字架の刑を受けるという矛盾に対するキリスト教の教義は、イエスが全人類の罪を背負って十字架にかかるためにこの地上に来られた、十字架は神の摂理であったというものであった。

これに対して統一原理の考えは、イエスの十字架は本来の神の摂理ではなく、ユダヤ人たちの不信仰の結果による第二次的な摂理であり、本来の神の摂理はイエスが早世することなく、人類の救い主として、生涯をかけてこの地上に神の国を建設することであったというものである。本来の神の摂理が、ユダヤ人の不信仰のためにこの地上に実現しなかったと見ている。

上記のキリスト教の教義は、先にも述べたように、神の摂理は必ず成就するという従来の宗教家たちのかたくなな信念に影響されて、パウロあるいは原始キリスト教団の人たちが作り上げた教義である。

これに対して統一原理は、神の摂理といえども、人間がそれを信じて実行しない限り、この地上には実現しないという観点を持つ。それだけ人間の責任が重くなる。統一原理は、イエスはメシヤとしてこの地上に来られ、妻を迎え、人々を重生させ、ユダヤ民族を通して、神の国をこの地上に建設することが神の第一の摂理であったと見る。

しかしユダヤ民族の不信仰によって、その摂理は実現しなかった。そこでやむなく第二の摂理として、復活とペンテコステによって、霊的救いのみを完成したというものである。したがってイエスの救いは未完成であり、霊肉共の完全な救いを全うするため「私はまた来る」とイエスも言っておられる。この再臨のメシヤこそ、文鮮明師ご夫妻である。

洗礼ヨハネの不信

さてユダヤ人たちが、イエスを信じなくなった過程を聖書を通してたどってみよう。イエスがヨルダン川に来られると、洗礼ヨハネはイエスに対して、全くの信仰を持って、まさにあの有名な「私はこの人の靴のひもをとく値打ちもない」という言葉をもって、イエスを仰ぎ迎えたのである。

もともとヨハネは、先にも触れたように、祭司長ザカリヤの息子という立派な家柄の生まれであり、荒野で修行を積み、いなごと野蜜だけを食べて生きているような、清廉潔白な聖者であって、クムラン教団に属していたといわれており、多くの弟子たちを従えていた。イエス自身「女の産んだ者の中で、バプテスマのヨハネより大きい人物は起らなかった」（マタイ一一・一一）と言っておられる。

しかしヨルダン川にイエスが現れて以来、ヨハネの弟子の多くがヨハネから離れて、イエスのほうに惹かれていくという現象が起こり、ヨハネは次第にイエスを羨む心が起こってくる。ヨハネには「彼は栄え、わたしは衰える」（ヨハネ三・三〇）という一種ひがみとも言える発言もある。

これだけの聖者でも、人間の原罪であるエゴの心には抗しきれないのである。これはまた、サリエリがモーツァルトを眺める心にも似ている。このようなエゴイズムこそ、先に述べたように、この地上建設に偉大な貢献のあった天使長ルーシェルが、神の愛を一身に受けるアダムに対する嫉妬心に源を発するものである。

そしてついに「『きたるべきかた』はあなたなのですか。それとも、ほかにだれかを待つべきでしょうか」（マタイ一一・三）という心理状態に追い込まれる。これはヨルダン川でのあの絶対的な信仰が崩れ、イエスがメシヤであることを完全に疑ってかかった発言であった。

これに対してイエスは「わたしにつまずかない者は、さいわいである」（マタイ一一・六）、つまり自分につまずいた洗礼ヨハネに厳しい判定を下した。「天国で最も小さい者も、彼よりは大きい」（マタイ一一・一一）と。つまりこの地上では最高だが、天国では最低であると言い捨てるのである。

このようにイエスからは厳しい評価を受けるが、当時の常識から見れば、洗礼ヨハネの疑いも無理からぬ点が多々ある。第一自分は立派な家柄の出で、おそらくは立派な教育も受け、厳しい修行を積んできたのに、イエスは大工のせがれで、しかも私生児の疑いもあり、大した教育も受けていないし、それほど修行したとも思えない。

しかもイエスの弟子たちはみな無学で、安息日の掟は平気で破るし（マルコ二・二四）、決められた断食をしない（マタイ九・一四）。「どうもおかしい」という疑念が芽生えて、ついに「見損なったのでは」という結論に至ったのではないだろうか。

弟子たちの無理解

現実社会は、常識的な人間の理性による判断によって動いていくのであるが、それがいかに本質を見失うかという点を、このヨハネの考えは示していると思う。再臨のメシヤとして来られた文鮮明師に対する世の中の判断も、果たしてこの洗礼ヨハネの誤りを犯していないだろうか。

イエスや文師のような宗教的天才としての素質を持っている人の考えや行動は、確かに突飛で非現実的と思われるふしが多く、常識的な人々には「とてもついていけない！」という思いにとらわれることが多い。事実、統一教会の幹部の人たちの中にも、文師のやり方にはとてもついていけないと思って去っていった人もいるのである。

イエスの弟子たちもまた、イエスの非現実性にやり切れない思いを持ったことも多々あると思われる。ベタニアのマリヤが、ナルドの香油をイエスの頭に注ぎ、また髪に浸してイエスの足を拭くという有名な話がある（ヨハネ一二・三）。このナルドの香油というのは今では想像もつかないような非常に高価な油であったらしい。それを見て弟子たちは「なんのためにこんなむだ使をするのか。高く売って、貧しい人たちに施すことができたのに」（マタイ二六・八）とつぶやく。

むろんこれは直接的にはマリヤに向かって言ったのだろうが、間接的にはそんなことをされていい気になっているイエスに言っていることは確かである。中でもこうしたことを最も痛切に感じていたのは、イエス一行の会計を担当していたと思われる、あのユダであったに違いない。

イエスの一行は、おそらくは連日連夜、野宿の生活で食べる物にさえ事欠いていた有様であった。たまには、このマリヤやマルタのようなイエスの崇拝者たちのもてなしにあずかることはあっても、あすはまたどうなるかわからない放浪の生活が常であったであろう。そうしたことは、イエスという人の念頭には全くなかったに違いない（マタイ六・三三）。貧しい人に施すというのは上辺であって、我々の生活の糧にしたいというのが弟子たちの本音だったのではないだろうか。

常識的判断の落とし穴

正直言って、統一教会や統一運動においても、これに類したこと（むろん当時とはそのスケールには大きな開きはあるものの）が起こっていることは確かである。教会の、いわゆる教会員たちは質素倹約を自らに課し、救いの恵みに心から感謝して献金している。一方で文師は、次から次へと新しい大きなプロジェクトを企画しては、それに莫大な資金を注ぎ込む。

文師のやろうとされることは、どれも国家プロジェクト並に大規模なもので、それを一教会が成し遂げるには現実的に考えれば土台無理な話である。それを教会員の細腕が支えているのである。かつて教会の最高幹部の一人が教会を離脱したことがあり、文芸春秋の月刊誌で取り上げられて、教会誹謗の題材にされたことがある。おそらく彼の心の中には洗礼ヨハネやユダのような疑念が起こったのではないだろうか。

このようなつまずきの心が我々の中に起こったとき、我々の判断の根拠がエゴイズムに基づいたものでないかどうかを十分に反省し、謙虚な信仰の心を持って神に祈りつつ、心を澄ませて考えてみる必要がある。初めの章に述べたように我々人間は、生きる目的もわからず生きている、無知で、エゴイズムに毒された存在であることを謙虚に反省してみる必要がある。よく文師は「三日断食して神に祈ってみなさい」と言われる。そうすれば本当のことがわかると言われるのである。しかし、それすら我々にはなかなかできない。マスコミの評判などというものは、こんなことすらできない人々の浅はかな判断の集合によって構成されているのだということを忘れてはならない。

これに対して神の摂理は、極めて長期的で包括的で、しかもこの地上だけでなく、霊界をも含めた形で進んでいく。その神の意思をいつも痛切に感じておられるイエスや文師の行動が、どんなに常識から離れていても、それを信じたほうが、本当ではないだろうか。「それでも地球は動く」というあのガリレオの発言の中に、自分の中にある確固とした信念が世の人々の無責任な無知と傲慢によって押し潰されてしまう無念さを、ひしひしと感じ取ることができる。

エリヤ論

さて元に戻って、洗礼ヨハネは上記のように次第にイエスから離れていったが、ユダのようにイエスを裏切ったり反逆したりしたわけではないから、キリスト教では立派な聖者としての評価を与えている。もともとヨハネの母エリサベツはイエスの母マリヤと近い親戚であって、姉妹のように仲が良く、ヨハネはイエスより半年ほど年上だがほとんど同年配で、おそらく子供のころは幼友達だったのではないだろうか。ヨーロッパの絵画の中に、子供のイエスと洗礼ヨハネが一緒に描かれているのをよく見かけたことがある。

実はこの洗礼ヨハネには「エリヤ」としての大きな使命があったのであるが、その使命を果たさなかった。そのことがイエスの十字架の最も大きな原因であると統一原理は見ている。ヨハネは、神から与えられたこの重大な使命を果たすことなく、横道にそれて、当時のユダヤの王ヘロデを糾弾して、ついに捕らえられ、ヘロデヤ（ヘロデ王の孫娘で、叔父ヘロデ・ピリポ一世の妻）の娘サロメの、酒宴の席での気まぐれからか、首をはねられてしまったのは有名な話である。

もともとユダヤ教では、メシヤが来るときには、その人が真にメシヤであることの証をする証人としての使命を果たす預言者エリヤが現れるという教えがある（マラキ四章）。洗礼ヨハネこそ、このエリヤの使命を持って生まれた預言者であった。ユダヤ教の長老たちはむろんこのマラキ書のことをよく知っていたから、使いをやって洗礼ヨハネに「あなたはエリヤなのか」と質問をしている。それに対して、洗礼ヨハネは、自分の使命を自覚できなかったのか、それともイエスに対する不信からそれをわざと否定したのか、「いや、そうではない」と答えるのである（ヨハネ一・一九）。この答えが決定的となって、イエスは偽メシヤと判定されてしまうのである。

洗礼ヨハネは、イエスをメシヤと奉じ、自分の弟子たちをすべて引き連れて、イエスに侍り、イエスを中心とした教団をつくって、やがてユダヤに神の王国を建設する基を築くべきであった。統一原理ではこれが神の第一の摂理であったと説くが、洗礼ヨハネの不信によって完全に崩れてしまった。

十字架の悲劇

洗礼ヨハネのエリヤ否定によって、ユダヤ教の長老たちがイエスを偽キリストと判定してからは、ユダの裏切り、弟子たちの離反、民衆の叫びによってイエスは十字架の道へと直行していく。

アブラハム、イサク、ヤコブの信仰の勝利によって、神の選民として神から愛されたユダヤ民族。神がようやくの思いでこの民族の中に送られたメシヤ、またユダヤ民族自身が何千年もの間待ち焦がれたメシヤを、事もあろうに自分たちの手で十字架にかけてしまったユダヤ民族。

　この十字架という人類最大の悲劇、ユダヤ民族の大罪を、イエスご自身はどのように受け止められたのだろう。

　イエスは、洗礼ヨハネの離反からすでに十字架を予告しておられた（マタイ二〇・一八～、マルコ一〇・三〇～）。そしてこのユダヤ民族の救いようのない大罪を何とか少しでも救おうと考えられたに違いない。「命を捨てるのは、それを再び得るためである。だれかが、わたしからそれを取り去るのではない。わたしが、自分からそれを捨てるのである」（ヨハネ一〇・一七～一八）。

　このようにイエスは、自分から十字架にかかるのだと言い出されたのである。野村健二氏の『統一原理とは』によれば、これはあのユーゴの小説『レ・ミゼラブル』のミリエル司教のジャン・バルジャンに対する愛の思いと同じだということになる。この司教の家から銀の皿を盗んで、ジャン・バルジャンが警察に捕まったとき、司教は「この皿はジャン・バルジャンに私があげたのだ」と言う。これを聞いてジャン・バルジャンはその愛の心に慟哭し、完全に悔い改めて真人間になっていくのである。

このようにイエスの発言や、有名な旧約のイザヤ書五三章の「彼は侮られて人に捨てられ、……彼は打たれ、神にたたかれ、苦しめられた……、われわれの不義のために砕かれたのだ」というメシヤに対する預言を基にして、パウロはおそらくイエスの十字架は神の摂理であったという教義を打ち立てたのだろう。

しかし旧約聖書には、これとは全く反対の預言がある。やはりイザヤ書九章六節〜七節であるが「ひとりのみどりごがわれわれのために生れた、……まつりごとはその肩にあり、……ダビデの位に座して、その国を治め……」、つまりメシヤは王として国を治めるというのである。

これは明らかにカルヴィンの予定説のように、神の摂理がただ一通りに地上に実現するというのでなく、その時の人間の対応や責任の取り方によって、変化することを示している。メシヤを人々が信じなければ、イザヤ書五三章のようになり、信じて受け入れれば九章のようになるというのが統一原理の主張である。

そして現実には、前者の預言のようになってしまった。こうして神の摂理は完全に崩れたが、しかし神はすぐに新たな手を打たれたのである。それが復活の摂理であった。

復活の摂理

聖書にはイエスが行った様々な奇跡や復活という、いわゆる超常現象の話が随所に出ている。現代人の常識は、これらを何らかのたとえだとか、あるいは象徴であると解釈するかもしれない。しかし第八章で述べたようなニューサイエンスの立場からすれば、このような奇跡は決してあり得ないことではない。事実、サイババで有名な物質化現象や、手かざしで病気を治したり、悪霊を追い出すといったことは最近特に、しばしば耳にする話である。

しかし文鮮明師は、いわゆる奇跡と呼ばれるような超常現象は、霊界からの力を借りることであって、霊界に負債を負うことになると言われる。この地上のことは地上で解決すべきであるという立場を取っておられる。

統一原理では、イエスの復活現象は、イエスの霊人体を弟子たちが見たのであって、キリスト教で解釈しているように、イエスが肉体を持ってこの世に復活されたとは見ていない。

いずれにせよ、イエスの復活とペンテコステによって、十字架以来離散していた弟子たちの魂に大きなエネルギーが与えられ、弟子たちは一致団結してキリスト教の伝道を開始するのである。こうして始まった原始キリスト教団が様々な苦難を乗り越えながら決死の伝道を続け、今日のキリスト教が完成していくのである。

しかしこの復活の摂理が可能となったのは、イエスの無条件の愛の心であった。ユダヤ人たちの大罪を何とかかばおうとして「私が自ら命を捨てるのだ」と言い、ついには十字架上の苦悩のまっただ中においてさえ、「彼らを許してください。彼らは自分のやっていることがわからないのですから」と神に訴えるそのような心があったればこそ、さすがのサタンの讒訴もその愛の心には勝つことができず、神は復活の摂理を行うことができたのだと統一原理は見ている。

もし十字架上でイエスが少しでもユダヤ人たちや自分を十字架につけた人たちを呪ったりしたら、とても復活の摂理は成立しなかっただろうというのが統一原理の見解である。

こうしてユダヤ人たちの不信仰によって、イエスの肉体はサタンの餌食になって十字架上で散ったが、復活の摂理によって霊的救いが完成した。しかし、霊肉の両面に対する完全な救いは完成していないというのが統一原理の見解である。事実その後も、ペテロやパウロをはじめキリスト教の伝道者の多くが、十字架や火あぶりに遭って肉体は滅びていく。しかしその霊は霊界においてイエスの救いにあずかっているに違いない。

今日までキリスト教が人類の精神的向上に、どれほど大きな役割を果たしてきたかは量り知れないものがある。もしイエスという存在がなかったら、またたとえ存在したとしても神と同じような心を持って、ユダヤ人たちを無条件に許し、愛して逝かなかったら、復活の摂理は実現せず、したがってキリスト教も生まれなかったに違いない。

もしそうなったら、人類全体がサタンに屈服して、ソドムとゴモラの町のように退廃と暴虐の地獄に落ちていたに違いない。イエスの存在とキリスト教の意義はここにある。そして、その未完成部分を完成させるのが統一原理の歴史的価値なのである。

第十二章　統一運動と文鮮明師

今まで統一原理という思想体系について見てきた。しかしどんな思想でも、思想はそれが本物であればあるほど必然的に、具体的な行動に結びついていくものである。

文鮮明師の第一の使命は、第九章で述べたように、メシヤとして人々を重生させること、つまり祝福結婚にあるのだが、しかしこれを助けるため、また重生された人々を中心として神の国をこの地上に建設するため、様々な事業を企画、立案され、実行されることもまたその大きな使命である。

これらを総称して統一運動と呼ぶのである。これは今や経済的、教育的、政治的、文化的あらゆる分野にわたる莫大な内容になっていて、とても本書で一々紹介することができるものではない。その具体的な内容はそれぞれ関連する参考書がいろいろあるので、それらに委ねることにし、ここでは文師がどのような心情で、これら統一運動を進めてこられたかについて私の感じたことを述べるにとどめたい。

統一運動のはじまり

統一原理という思想は、初め文鮮明師ただ一人の中に、神の啓示として芽生えたのである。師が十五歳の時、イエスの霊が現れて「私がやり残したことを受け継いで完成させてほしい」と師に言われたとのことである。

それまで活発に山野を駆け巡っていた少年であった師は、それ以来、聖書を克明に読まれ、人生について深く考える寡黙な思索の人となった。そして全人類の救済という途方もなく大きな道に、たった一人で歩み出されたのである。

当時、韓国は日本の植民地であって、時は終戦直前であったが、師は日本に留学され、早稲田大学附属早稲田高等工学校で学んでおられたが、韓国の独立運動に参加したという疑いをかけられ、日本の軍部からひどい拷問を受けられたとのことであった。終戦後は北朝鮮の平壌でこの新しい思想の伝道を始められた。

もともと平壌はクリスチャンの多い所でもあり、何人かのお弟子さんが集まってきて、師の教えをすさまじい情熱を持って聞き始めたとのことである。まさにビッグバンの爆発の最初の炎が燃えさかろうとした時であったろうか。その当時は、師の説教がある日は、お弟子さんたちはその前の晩から集まって、神に祈りつつ心情を整えて、心の準備をして、師の来駕を待ったとのことである。

ところがたちまちにして、北朝鮮の官憲から、南から来たスパイという嫌疑をかけられ、師は投獄された。そこでありとあらゆる拷問にかけられ、死んでしまったと思われて、外に捨てられていたところをお弟子さんが見つけて、埋葬するつもりでいたところ、まだ息があることに気づいて手当てをした。師は蘇生されたその後、またすぐに説教を始められたという。

その後再び捕らえられ、政治犯として興南の肥料工場に送られ、強制労働を強いられた。この興南の収容所は、普通の人なら半年も生きていけないような最悪の条件であったが、師は常に他の囚人たちを助けることに専心しておられた。普通なら「神よ、この苦難からお救いください」と祈ってしかるべきなのに、師はいつも「私は大丈夫ですから、ご安心ください」と神に心配をかけまいという心遣いをもって神に祈られた。

この興南での師の様々な逸話はあまりにも有名であるので、ここでは詳しくは述べないが、例えば、朴普煕氏の『証言』（世界日報社）などに詳しく述べられているので、それを参照されることをお勧めする。

朝鮮動乱のただ中で

こうしているうち朝鮮動乱が始まり、一時は北が南を制圧したかに見えたが、国連軍の参加で南が盛り返し、一挙に北に攻め上り始める。興南でも危機を感じて、次々と囚人たちを番号順に殺害し始めた。収容所が国連軍によって開放されたときは、ちょうど師の一番手前の囚人が銃殺された直後であったという。

解放された文師は、直ちに平壌のお弟子さんたちのところへ行こうとされたが、中共軍の援助で再び北が反撃し始める。師はけがをしたお弟子さんを自転車に乗せて、南へ向けて徒歩で半島縦断の逃避行を始められるのである。お弟子さんは恐縮して「私を置いて逃げてください」と懇願するが、「私は、君を背負って歩くことを、人類全体を背負って歩くことの象徴と思っている」と言われたという。この言葉の中にどんな苦難の中にあっても「この自分こそが全人類を救うのだ」という強烈な気概を見て取ることができる。師の生涯の現在までの、どの瞬間もこの信念に貫かれたものであると言っても過言ではないだろう。

　こうして釜山の友人の家にたどり着かれたときは、まさに乞食同然の姿であったと、その友人が述懐しておられた。釜山でもさっそく伝道を始められたが、乞食同然の姿の街角での辻説法を迎えたものは、人々の嘲笑と気違い扱いだけであった。おなかをすかせ、疲れきって帰られる所は、これまた乞食同然の掘っ立て小屋。そこには語り合える誰もないし、口に入れる何物もない。「帰っても何もないいんだよ」。当時を述懐して何げなく語られるこの言葉の中に、師の言い知れぬ深い孤独を見ることができる。師は三十歳になるまでおなかのすかなかった日は一日もなかったと言っておられる。その生活がどんなに過酷であったかが、この一言で推察されるのである。

統一教会の誕生

　しかし、韓国にはクリスチャンが多い。日本では一パーセントに満たないが、韓国では三〇パーセントに近いし、教会も方々に建っている。その教会の一人の信者が「何か不思議な青年が、神様のことについて叫んでいる。一度話を詳しく聞いてみたい」と思い、師のところに訪ねてきたという。

師は喜び勇んで、情熱的に、この新しい思想を語られる。その人は、この教えは素晴らしい、本当の真理なのではないかと大変感動するが、帰って冷静になって考えてみると、あのような小屋に住んでいる乞食みたいな人が……という疑念が生じてくる。自分には立派な教会があるのだから、あまり深入りしないほうがよいと思う。ところがまた何となく心引かれて師の教えを聞きに行く、といったことを繰り返したという。

こうして、この人の中で純粋な直観と世間常識に基づく理性とが葛藤するが、ついに前者が勝利して、これこそ神の教えを宣べる真理に違いないと確信して弟子になったという。このようにして、ほんの少しずつこの教えは広まっていったのである。

おそらくこのころであったと思うが、師は統一原理の思想を一冊の本にまとめようとしておられた。師はそのころ、日雇い労務者のような、いわゆるアルバイトをしておられ、労務者たちが飲んだり食べたりして、ごった返している部屋の片隅で、一人背を向けて、ものすごい集中力で執筆しておられたと聞いている。これは超能力者に特有な能力で、いわゆる自動書記現象とも言えるもので、半ば霊界の働きによって行われる執筆現象であると思われる。こうしてできあがった本が『原理原本』と呼ばれている本であり、現在の『原理講論』の原型である。

先にも述べたようにこの『原理原本』や、師のその後の説教を基にして、劉孝元氏によって論理的に見事に整理されたものが『原理講論』なのである。現在この『原理原本』は、一般的にはほとんど入手不可能であるが、その論調は確かに飛躍はあるが、気迫迫るものがあって、何とも魅力的な書である。

こうしてこの真理は少しずつ世の中に浸透していき、お弟子さんたち、いわゆる食口の人たちも少しずつ増えていき、一九五四年に細々ながら統一教会が誕生するのである。この統一教会の教えが玄界灘を渡って日本に伝えられたいきさつは、また涙なしには語れないものがある。

日本は韓国の怨讐

もともと日本という国は、韓国から見れば怨讐（敵）である。ソウル・オリンピックでは日本の選手が出ればブーイングが起こった。従軍慰安婦問題は氷山の一角にすぎない。韓国人の多くが、兄弟が日本の憲兵隊の拷問に遭って殺されたとか、お父さんや叔父さんが日本に引っ張られて強制労働の末、死んでしまったなどと恨みを持っている。

私自身も研究上親しくしていた韓国の教授のお宅に呼ばれたことがあるが、その夫人から、「私の叔父は日本の憲兵隊の拷問に遭って死に、私の父が遺体を引き取りに行ったのです」と聞かされ、返す言葉がなかった。文師ご自身も日本軍の拷問に苦しまれた。

韓国人の作家で高史明という人の『生きることの意味』（筑間書房）という本がある。これに事あるごとに日本人にいじめられた思い出が書かれている。氏の父親は日本本土に渡り、日雇い労務者のような仕事で生計を立てていたようだが、氏の少年時代は、その貧困と劣等視され侮辱された朝鮮人としての意識の中に、苦悩した生活であった。ある日、氏は弁当のキムチが臭いと言ってからかういじめっ子たちを、憤然として殴り飛ばす。喧嘩には勝ったけど、何とも言えない苦い後味を噛みしめて、いったい生きることの意味は何なのかを考え始める。

ソウル南部の天安市に独立記念館というのがある。そこには日本の軍人が朝鮮人を拷問にかけている様子が生々しい人形の姿で展示されている。このように直接手を下した人は限られた軍人などだけであるが、現在七十歳以上の日本人なら、私も含めて、朝鮮人に対して、程度の差はあれ、ある種の侮蔑の念を抱いていたことを正直に認めざるを得ないだろう。こうした日本民族の意識の総体が韓国の人々に反感を与えているのである。ただ現代の若い日本人の中には韓国人に対して、我々世代のような意識は全くないようであり、この点は戦後育ちの日本人たちの大きな長所である。

民族の罪の償い

統一教会に対する批判の一つに、日本の教会員だけが不当に働かされ、その資金が韓国はじめ世界全体の教会につぎ込まれている、つまり「日本人が文師の奴隷のようになってこき使われている」というものがある。先に述べた、統一教会の最高幹部の一人は、このままでは日本の教会員がかわいそうだという、いわば愛国的な心情があったことは確かである。

確かに、現在の一時点のみに目を付けるならば、上のような批判も当を得ていると思われる。世界中の教会で行われている宣教や文師の様々なプロジェクトやイベントの資金は、そのかなりの部分が日本の信徒たちの感謝献金のお金である。彼らはこの豊かな日本にあって質素な生活をしながら献金しているのである。

私自身もその矛盾を感じたこともしばしばであった。統一教会では、よく元大統領などハイステータスの大物政治家を賓客として呼んだりするイベントが行われ、豪華なホテルなどで大宴会が開かれる。こんな資金があるのなら何故少しでも信徒たちの生活費に回してあげないのかと。これはまさに、先に述べたように、イエスのナルドの香油を弟子たちが見て感ずる疑問と同じものである。

しかしもっと本質的には、この矛盾、つまり日本の信徒が主に重い責任を背負っているというのは、実は蕩滅の原則から来る民族の連帯罪によるものであるということにある。日本民族が、過去に韓国やその他の国々に犯した罪の償いを、今日本の統一教会の信徒がなしているということなのだ。このことを理解している教会の人々は、黙々と、そして喜々としてその償いの働きを行っているのである。

蕩滅の原則ということは復帰原理のところでも述べたが、犯した罪は償わねばならないという当然の極めて理にかなった原則である。この罪のうち原罪が最も基本的なもので、これについては今までに随所で述べた。しかし、このほかに遺伝的罪、連帯罪、自犯罪がある。自犯罪は文字どおりの意味で説明の必要はないが、遺伝的罪は先祖の犯した罪、連帯罪は民族の犯した罪と見ればよいだろう。

現代社会は個人主義的傾向が強いため、自犯罪は認めるが、その他の罪についてはあまり考えようとしない。しかし統一原理では、父親の犯した罪は子が受け継がねばならないし、民族の犯した罪は、その民族に属する一人一人が償わねばならないと見る。

このことに納得のいかない人でも、罪とは反対の功労という観点からすればうなずけると思う。立派な功績のある父親や先祖を持つ息子や子孫たちは嫌が上にもその恵みを受けるし、繁栄した民族の一員は個人の努力とは無関係にその恵みを受けるのである。あるフィリピンの留学生が日本の繁栄を見て、「我々はいくら個人で努力しても日本人のようには経済的には恵まれないですよ」と言っていたことがある。むろん経済的な面だけではあるが、現在の我々は日本民族としての恩恵を個人の努力とは無関係に受けているのである。このように人類というものは、個人的存在であると同時に類的存在である。

それならば日本民族の犯した罪のほうも、一人一人が償わねばならないことは当然である。ところが今の日本では、その認識が極めて希薄であり、大多数の人々がその責任を逃れている。それを一身に受けているのが統一教会の信徒たちなのである。

日本への伝道

さて話を元に戻して、日本への伝道のいきさつを振り返ってみよう。以上のように日本が韓国に与えた大きな罪にもかかわらず、文鮮明師は、神の啓示によるものか、日本をこの上なく愛され、日本をエバ国家、エバを象徴する国家として選ばれた。そして、なんとか一刻も早くこの教えを日本に伝えたいと思っておられた。

当時、日本と韓国の間には国交はなかった。そこで密入国という形で、おそらくは最も信頼のおけるお弟子さんを日本に送り込まれたのである。当時、生まれたての貧乏教会の中から多大の資金をつぎ込んで、密航伝道を企画されたに違いない。

しかし、その企画も第一回、第二回とも失敗に終わってしまった。そして三度目の正直で、決死の覚悟で日本に密入国されたお弟子さんが、まさに一粒の種子となって、この教えが日本に伝わったのである。

こうして日本でも、韓国におけると同様に、少しずつまことに少しずつ、この教えは広まっていき、信徒たちも増え始め、どうにか教会の形になったのが、一九六〇年代であった。

そしてそのころ日韓の国交も始まり、文師が戦後初めて日本の空港に降り立たれたとき、日本の信徒の代表者たち数十人がお迎えに出た。彼らを前にして文師はいきなり「玄界灘を越えるのに、どれほど時間がかかったことか!」と涙されたとのことである。

文師の中には一日も早く、一刻も早く、神の摂理を全世界に広げたいという激情が常に渦巻いていている。それにもかかわらず、様々な支障によって遅々として進まない現実に対するもどかしさ、苛立ち、そしてその障害を乗り越えてやっと、日本にもこの教えが芽生えたかという感激、そんな心情が交じり合って、ほとばしり出た涙であった。

「一年間に三千六百万人が死んでいく、彼らが地獄に行く。教えが一年早く伝われば、彼らを救うことができる。十年早ければ三億六千万人が救える。寝る時間、食べる時間、この一時間が惜しい。この時間を努力しなかったら、数千万人が飛んでしまう」。このような話をお聞きしたことがある。これが文師の絶えざる想いなのだ。

アメリカから世界へ

こうして、日本への伝道に一応の目安をつけられた文鮮明師は、一九七一年十二月、アメリカに渡られ、その後、急速にアメリカでの基盤をつくられた。先に述べたように文師の中心的使命は、唯一絶対の神の教えを宣べ伝え、ご夫人と共に人類を重生させるメシヤとしての使命である。しかし師はこのような、いわば宗教的な活動だけでなく、神の国をこの地上に建設するための様々な活動を精力的、超人的に推進しておられる。つまりこれが統一運動であるのだが、これが本格的に軌道に乗り出したのは、おそらくアメリカに渡られてからであろうと思われる。当時、アメリカは何と言っても世界の中心であって、アメリカを中心として統一運動は、まさに世界的に拡大していくのである。

この莫大な内容はとても、ここで述べることなどできないが、先に述べたような様々な本、特に朴普熙氏の『証言』に詳しく述べられているので、ぜひ一読されんことをお勧めする。特にこの下巻では、文師がソビエト連邦を崩壊に導くためどのように大きな政治的働きをされたかが、生々しく記されている。

マルクスの『共産党宣言』が一八四八年、レーニンのロシア革命が一九一七年、そしてソ連の崩壊が一九九〇年とほぼ七十年ずつ百四十年にわたって、この共産主義という悪夢が人類を脅かしたのであるが、これこそ無神論を国是として神に反逆する思想であり、政治形態であった。これによって人類が汚染されている限り、神の国の建設はとても望めないことを文師ほど強烈に意識していた人はほかにいなかったのである。こうして文師は早くから「勝共連合」を結成して思想的な対決をしておられたが、アメリカに渡られてから、もっと直接にレーガン大統領やゴルバチョフ大統領に働きかけられ、ついにその崩壊に導かれたのである。思想的だけでなく、現実的に見ても、核の脅威の中でおびえ続ける冷戦の終結ということが、どれほど人類にプラスしたか計り知れないものがあろう。

これは統一運動の政治的な面での最も大きな成果であると言ってもよい。しかし統一運動は政治的な面だけでなく、思想、宗教はもちろん、教育、文化、科学、経済、産業、あらゆる面で莫大な活動に広がっている。

私がちょっと考えついただけでも、とても書ききれないくらいの活動組織や定期的会議などがある。大学関係では、世界平和教授アカデミーがあり、研究面での統一思想研究院がある。文化、科学関係では、国際文化財団（ＩＣＦ）、国際宗教財団（ＩＲＦ）、世界宗教議会、科学の統一に関する国際会議（ＩＣＵＳ）、言論その他では世界言論人協会（ＷＭＡ）、世界平和女性連合、世界平和のための頂上会議、世界平和連合、天宙平和連合、ラテンアメリカ統一連合、また南米諸国を対象とするカウサ会議などである。

また文師の設立された学校や大学には、有名なリトル・エンジェルスの芸術学校、鮮文大学、ニューヨークのベリータウンにある統一神学校がある。またメディア関係では、ワシントン・タイムズ、（日本および韓国の）世界日報社などの新聞社があり、多くの雑誌や単行本を出している出版社など世界各国に数多くある。

また産業面では、韓国の統一機械（工作機械）や一和物産、各国に世一観光またアメリカにはマグロチェーン店など、これまた数えきれない。こうした産業の中には、とても採算に合わないことが自明なものでも、神の摂理から見て必要とされるものは、断固として設立されるのが、文師の方針である。国際ハイウェイや中国に投資したパンダ自動車工場などがそれである。

こうした直接、社会的経済的な活動と結びつくもののほか、講習会や修練会は各国の随所で頻繁に行われている。中でも、特筆すべきは、ソウル北西の清平に設立された修練所で、天国への門と言われているものがある。

私も一九九七年の夏、この三泊四日の修練会に参加したのであるが、(夏休み中で特に多かったようだが)約千二百名の、主として日本人が参加していた。完成して二年あまりでこの三泊四日コースは、すでにほぼ二百回開催されていて、毎回平均千名の参加者が来るとのことであった。二年あまりで四日コースが二百回ということは、ほとんど連日行われていると言ってもいいくらいだが、よくもこれだけの人が集まってくるものだと私自身信じられない思いだった。現在の施設ではとても収容しきれないということで、そのとき新館が建築中であった。そこには一万人が一堂に会することができる大広間ができるとのことで、現在、一万人規模の修練会が行われている。

マスコミや、まだ目覚めていない常識的な知識人たちからの多くの反対があるにもかかわらず、統一運動はこのように急激な勢いで、世界の隅々へ広がっていく。初め文師一人の中に起こったこの運動が、今や全世界に広がったのである。

文師のご夫人、韓鶴子女史

文師は上記のような多方面な活動をされ、その中に企業家的活動も多く含まれているためか、アメリカでは統一教会に集まってくる献金を預けた銀行の利子に対する脱税の容疑をかけられ、ついに二年ほどの実刑判決を受けられた。この判決も上記の朴氏の『証言』によれば、不当な人種差別、宗教弾圧の疑いの濃厚なものであったとのことだが、ともかくこのことが主な原因で、日本ではそれ以来、文師の入国が許可されていない。

その代身としてか、また女性時代の幕開けということもあってか、文師のご夫人であれる韓鶴子女史が、日本各地を回って講演をされた。女史は文師より二十三歳もお若いのに、日本語もお上手で、服装も態度もまことにさりげない方であるが、さすが女王の風格の備わった方である。日本の教会員たちは文師を「お父様」、ご夫人を「お母様」と呼び、自分たちのメシヤ、つまり「真の父母」として慕っている。

東京の某大学の講堂での講演のとき、私がお世話役をさせていただいた。聴講者の中に原研の学生たちが百人ほどいたようであった。講演が終わって、女史を控え室にご案内した。そこで祝勝会というのが行われる。これはこの講演会が成功裏に終了したことを多数の関係者と共に神と文師に感謝し報告する会で、当時アラスカにおられた文師に国際電話を通じて、ご夫人が会場の様子やら講演の内容などを報告されるのである。

そのときであった。この大して広くもない控え室に、百人近くの原研の学生がどっと押し寄せてきた。「お母様」をより近くで一目でも見たいという一心からである。控え室は立錐の余地もなくなった。みな靴を脱ぎ、跪いて、一心不乱に「お母様」を仰ぎ見ている。女子学生の中に涙をはらはらと流している者が多かった。

私は最初唖然とした。そして深く感動した。こんなにも純真になれるものかと。そうだ、彼らの涙は、神が遣わされたメシヤがまさにここに実体として存在しておられるという、何とも言えない感激の涙であった。そして同時に、私にはもうとてもこれだけの純粋さはないと、深く反省させられたのである。

第十三章　何故、統一原理に導かれたか

最後の章で、私が何故、統一原理を人類の根本を証す真理であると信ずるようになったかについて述べておこうと思う。これは私自身の個人的な経験や信仰にも関係し、おこがましくもあり、また気恥ずかしくもあるが、何らかの参考になるかと思い、あえてこの章を充てることにした。

思春期における性への想い

私は思春期のころ、性の葛藤に深く悩んだ。その当時、先生や親たちから「公明正大でありなさい」という教育を受けていた。しかし私は、ほかのことはともかく、自分の性への想いに関してはどうしても公明正大になることはできなかった。その異常なまでに強い

関心、それにつきまとう淫らな心、そして後ろめたさを深く思い巡らすとき、こんな気持ちをあからさまに人前にさらけ出すことはどうしてもできなかった。どうしたらいいのだろうかとその葛藤に悩むと同時に、どうして大切な二大本能であるべき食と性のうち性についてだけ、このような後ろめたさがあるのかという疑問にも悩んだ。

しかしこれは自分だけではないことを知った。森鷗外の『ウィタ・セクスアリス』やアンドレ・ジイドの書物を読んで、彼らもまた同じような悩みを持っていたことを知った。そして、おそらくどんな人間でも、この性の葛藤の悩みを多かれ少なかれ持つに違いないと思うようになった。

私が統一原理に惹かれた第一の理由は、統一原理の堕落論がこの性に関する私の疑問をいっぺんに解いてくれたからである。一般の宗教は性を強く否定する。マルキシズムや現代合理主義はこの問題を不問に付する。統一原理だけがこの問題を真正面から取り上げ、見事に解明してくれたのである。

軍隊教育を受けて

私の少年期は、日本が軍国主義一色であり、特に父が海軍の高官であったことから、我が家の男の子は海軍の軍人になることが当然であると運命づけられていたかのようであった。三人の兄はすべて海軍の兵学校に入って海軍士官となったし、末っ子の私もその例にもれず海軍兵学校に入校した。

兵学校の生活はわずか半年ほどで、終戦になったが、ここでの教育は私にとって大変有益であったように思う。まず理数系の教官ですぐれた人が多かったと思う。ここで私は微分や積分や力学の基礎を教官たちから学んだし、ニュートン力学の素晴らしさを体得して感動した。

むろん軍人の学校であるから規律や躾は厳しく、我々はいわゆる鉄拳制裁と言うのを事あるごとに受けた。これは、げんこつでほっぺたを殴られるものである。個人的な理由というよりは、例えば分隊全体がたるんでいるとか気力がないといった理由で、分隊全体が並んで一斉に鉄拳制裁を受けるのである。今でいういわゆる体罰であるが、こんなことは我々は当たり前のように受け止めていて、特に気にも留めていなかった。今の風潮では体罰はけしからんと、目くじらを立てているようだが、現在の教育は何か本質を見落として、形式的な体裁のみにこだわっているような気がしてならない。

私は大学の学生たちに常に接しているが、規律も礼節もなく、何ともだらしなくて頼りない青年があまりにも多い。授業中、傍若無人に大声でおしゃべりをしている。何度注意しても、その瞬間はちょっと静かになるが、十分もするとまたざわついてくる。学問を教える前にまず教室を静かにするだけで、疲れ切ってしまうという有様である。これは私だけの経験ではない。大学の先生たちは、おそらく大多数こうした経験をしているに違いない。おそらく今の青年たちは、小・中・高の学校で何をやっても先生からしかられるという経験をしたことがないのではないかと疑いたくなる。これが戦後、日本の民主教育の結実である。

マルキシズムの虚構

思わず横道にそれてしまったが、終戦後高校に入ると、ちょうどそのころ今まで獄中にいた徳田球一、野坂参三ら共産主義者たちが解放され、一挙にマルキシズムが学園に蔓延した。私の友人の中にもマルキシズムを信奉し、赤旗を振って、革命を絶叫していた何人かがいた。

私は特にマルキシズムを勉強したわけでもないが、「マルキシズムはどこか的が外れたところがある。これでは人類は救えない」といった、ほとんど直覚的信念のようなものがあった。宮沢賢治も、これと同じようなことを書いていたのをどこかで読んだことがある。マルキシズムに対する最も的確な評価が、ベルジャーエフの『共産主義という名の宗教』の中にある。ベルジャーエフという人はレーニンと共にロシア革命を起こし、一時モスクワ大学の哲学科教授になったが、思想的理由で国外追放となり、ヨーロッパで文筆活動をした思想家である。彼は「共産主義の中には多くの真実があるが、たった一つの誤りがある。それは無神論である。このたった一つの誤りのため、すべてを台無しにしているのが共産主義というものである」と書いている。共産主義に対する、これほど見事な達見を私はほかに知らない。彼がこれを書いたのは、共産主義が理想に燃えて、まさに発展しようとしている一九三〇年代である。彼はすでにこの時、その虚構を見抜いていたのである。ちょうどこのころ世界的識者といわれているバーナード・ショウなどが、ソビエトを「これこそ理想の国家」などと褒めたたえていた時代である。

さて当時の旧制高校の生徒たちは、文系・理系に関係なく、やたらと哲学や思想の本を読んでは、人生観、世界観や天下国家を論じ合っていた。これは多分に現実離れした観念の遊戯のようなところもあったが、私もご多分に漏れず、こうした雰囲気に染まっていった。中でもドストエフスキーの『罪と罰』や『悪霊』などに深い感銘を受け、そうした傾向の本を読みあさっていた。

一族の宗教

その当時はすでに亡くなっていたが、私の母方の祖母が熱心なギリシャ正教の信者で、一緒に生活はしていなかったが、その祖母が家に来ると、部屋の一隅で熱心に神に祈っている姿を子供のころからよく見かけたものだった。

祖母の部屋には常にマリア様が子供のイエスを抱いている、いわゆる聖像があった。悪いことをするといつも「聖像の前にいらっしゃい」と連れていかれお説教をされた、と母がよく言っていた。

実はあとからわかったことだが、その祖母の父は、石塚重平といって、信州の郷族の出で、いわゆる地方の有力者であったらしく、郷土のためにいろいろと尽くした人物であったようだ。明治になってから板垣退助の自由党に入党し、政治活動をして何度か牢に入ったこともあるとのこと。

この重平氏が晩年になって突如ギリシャ正教に帰依して、娘たちすべてに洗礼を受けさせたという。例の祖母の妹、つまり私の大叔母もギリシャ正教の司祭に嫁いで一生を神に捧げたようだ。

一方、父方の祖父も会津藩の武士であったが、維新後、医者となってやはりギリシャ正教を信奉していたようである。祖父の信仰は、むろん祖母とは全く関係はなく、独立に始まったものである。もっとも祖父のほうは、ギリシャ正教といっても、武士道とキリスト教が混ざったような自己流の信仰であったようだ。

多分この祖母の影響が強かったのだと思うが、私の姉と兄たちは、すべて幼児洗礼を受けている。ところがどうしたことか、私だけが洗礼を受けていない。おそらく五人も子供がいて、末っ子の私は忘れられてしまったのだろう。もっとも兄たちももう物心ついたころは、洗礼のことも忘れ、おそらく聖名すらもろくに覚えていないのではないだろうか。父は軍人で、宗教的関心があまりなかった。しいて言えば、日本古来の神道を信じ、神棚を拝む程度であった。こうして我が家では、キリスト教からはかなり離れてしまっていたようだ。

母はどうかというと、青山女学院というクリスチャンの学校を出た。その当時から賛美歌だけは好きで歌っていたようだが、音楽への関心はあったものの、宗教的関心はあまりなかったのではないかと思われる。しかし、晩年になって母は教会に行きだしたのだが、何と今度はプロテスタントになってしまったのである。

こうして我が家の宗教は、少なくとも形式的には大分混乱していたと言える。ところが洗礼を忘れられていた末っ子の私が、皮肉なことに、最も強くキリスト教に関心を持つようになってしまった。その結果、この改訂キリスト教である統一原理に導かれているのである。

叔父の人物

以上、一族の宗教関係の話になってしまったが、私に最も強い宗教的影響を実質的に与えたのは父方の叔父である。叔父は、幼少のころに面疔を患ったとかで顔がやや醜かった。ちょっと見ただけではさほど気にならないが、叔父はひどく気にするたちであったらしく、若いころは自分の容貌のことでずいぶん悩んだのだと思う。

叔父は東大工学部の採鉱冶金学科に入学したが、学生のころから山の採鉱をやっていたらしい。中国地方のある山を採鉱したのだが、叔父の調査分析によれば、そこから金か銅が出るはずだったのだが、いくら掘っても何も出てこなかった。

こうして借金だらけの無一文になってしまったのである。当時の山掘りの工夫たちは、半分やくざのような荒くれ男ばかりで、彼らが叔父の部屋に押し掛けてきて、「俺たちの工賃をどうしてくれるんだ」とばかりにドスを突きつけた。叔父はもうやけくそになって褌一つで部屋の真ん中に座り、「見てのとおり何もない！　何か欲しければこの俺の身体を持っていってくれ」と居直ったので、さすがの荒くれ男たちもあきらめて帰っていってしまったとのことである。

そのころからか、あるいはそれ以前からか、はっきりしないが、叔父は神からの啓示のようなものを受け始めたようだ。よく一人、山に登って神に祈ったという。

叔父はよく言っていた、「人智が発達しすぎ、人間が神から離れて、自己を過信し、すべて自らの判断で解決しようとして、あくせくと思い煩うようになった。こうした判断や支えを一切捨てて、神の意志に従い神にのみ寄り頼むことこそ、人間の道、人間の幸福の道である」と。

叔父の思想

この思想は、まさに親鸞上人の教えに最も近いものである。叔父は「私が到達したこの道を、七百年前すでにわかっていた親鸞上人という人がいた。全く恐れ入った」と言っていた。この叔父の言葉の中には親鸞の偉大さを称える一方、大変な自負があることも確かである。親鸞上人の教えを聞いて、それを信ずることによってこの道に到達したのではなく、全く独自に発見した道であり、それがたまたま親鸞上人に先を越されたというわけであるのだから。

こうして叔父は大学卒業後は、陸軍の工科学校や夜間中学などで数学の教師をやっていたようだが、教室では数学はそっちのけで神様の話ばかりしていたため、すぐにやめさせられたりして、定職もなく転々としていたようだ。

そうこうするうち、叔父の周りには、こうした学校の生徒さんたちや世間から落ちこぼれた人々、ご主人に捨てられた女の人たち、あるいは人生に絶望した人々などが自然に集まって叔父の話を聞くようになった。叔父が、こうした人々の精神的支えとして頼られていたことは確かである。中には叔父をキリストのように思っていた人もいた。

叔父と統一原理

しかし世間の常識から言えば、叔父は全く訳のわからない存在であった。神様と言えば、日本の常識ではキリスト教ということになるが、叔父の場合、どの教会に属しているわけでもないから世間からは相手にされない。親類の間でもつまはじきされた。父の兄弟は、この叔父のほかはみな社会的に、いわゆる成功している人々であった。父は海軍の高官であったし、父の兄は医者でホノルルで開業をしていて、東京にも大きな家を持っていた。

こうした状況の中で叔父の一家、叔母をはじめ子供たちがどんなにか苦労の道を歩んだか察するに余りある。それらを押し切って一切を神に捧げ、単身信仰の道を貫き通した叔父の信念には真に頭が下がる。

叔父が晩年に残した簡単な手記を読んだり、また我々に語った言葉の節々を思い出すとき、そこに統一原理の教えとずいぶん共通するところがある。叔父はよく言っていた、「神は今、悲しんでおられる。ちょうど母親が髪を振り乱して、地に這いずるようにして、去っていった子供たちを捜し求めているような姿をしておられる」と。そして「どうか私の愛を受け入れてくれ、とむしろ人間たちに嘆願しているようだ」とも言っていた。

むろんそのスケールにおいて比すべきではないが、文師もたった一人この道を探求しておられるころ、神の悲しい心情を察して、木を抱き締めて泣き続け、涙のために目がかぼちゃのようになってしまったというお話を聞いたことがある。

また叔父の手記の中に「自分はサタンの生んだ子で、醜悪、無惨、恥辱の極みだ」という下りがある。親鸞上人も「地獄は一定住みかぞかし（自分の住みかは地獄に決まっている）」という言葉を残しておられる。この烈しい自己内省こそ統一原理の説く堕落論の結実としての自己を底の底まで見つめた言葉である。この深刻な罪の意識なしには、人間はとうてい神を想うことができないのではないか。

ここに「安易な肯定に恵みと慈悲を称える宗教ほど唾棄すべき悲惨な堕落はない」と言った哲人の言葉が思い出される（これは山田無文という人の『無の哲学』という本にあった言葉である）。現代の多くの新興宗教がこのような安易な肯定に堕していないだろうか。

叔父は昭和三十（一九五五）年の初めに亡くなった。叔父がもし統一原理を聞いたら、真っ先にその信奉者になったと思う。実は叔父の亡くなった前年の一九五四年、韓国において統一教会が誕生したのである。当時、日韓の国交もなかった。統一原理が日本に伝えられたのは一九五八年で、本格的には一九六〇年代になってからである。叔父はこの地上で文先生を知る由もなかった。

お通夜の晩の出来事

叔父の他界後、すでに半世紀近くが過ぎた。しかし、まだかかわりのある人がいるかもしれないが、私がどうしても言っておきたい一つの事柄がある。叔父には一人の男の子と三人の娘さんがいた。その末娘を叔父はかわいがっていたようだし、末娘のほうもこの「お父さん」をこよなく愛していた。そして叔父の教えを、少なくとも心情的には一家のうちで、最もよく理解していたと思われる。しかし、世間的にはいわゆる不良娘的なところがあり、一家の困り者だったようだ。

その末娘が、叔父のお通夜の晩に姿を消して行方不明になってしまい、一つの騒ぎが起こったのだった。おそらく一家のうちで叔父の死を最も悲しみ嘆いたはずであったのに。その時、二番目の娘さんが「あの子がお父さんの遺産なのね」と冷ややかにつぶやいたのである。この言葉を私は聞き逃さなかった。

この二番目の娘さんは真に聡明でしっかりした人であった。そして叔父の生き方に批判的であったに違いない。「立派な大学を出て、ちゃんとした仕事をすれば十分立派な社会人になれたはずなのに、神様だか何だか知らないけれど、訳のわからない観念にとりつかれ、仕事もろくにせずぶらぶらして、一家はいつも貧乏で火の車、お母さんや私たちに苦労ばかりかけて。集まってくる人たちといったら、世間から見捨てられた調子の狂ったような人たちばかり。お父さんが私たちに残してくれた遺産は、調子の狂ったあの子だけなのだ」。

彼女はそう言いたかったに違いない。これは父親の遺体を前にして、あまりにも冷たく残酷な言葉だ。私はこれを聞いたとき、頭から冷水を浴びせられたような思いだった。しかし、これは私の叔父の問題だけではない。思えば神を証し神に身を捧げようとする人々が、神の心を全く受け付けない世間の常識から受ける共通の扱いである。ここに、統一教会の人々を世間が見る目、原理研究会に入った青年たちを親や兄弟が見る目の典型がある。「わたしがきたのは、人をその父と、娘をその母と、嫁をしゅうとめと仲たがいさせるためである。そして家の者が、その人の敵となるであろう」（マタイ一〇・三五、三六）という聖句が心に浮かんだのはこのときであった。

ＧＬＡとの出会い

私の学生時代は叔父の話もよく聞き、それに感銘も受けたが、やがて卒業し、競争の激しい研究者としての生活が始まると、それに巻き込まれ、研究に集中する生活を送らざるを得なくなった。こうして四十代になるころまでは、いわゆる現代合理主義、科学主義の考えにならされ、宗教的関心も薄れて、家庭も顧みず、自分の研究の成果にしか関心のないような自己中心的な人間になってしまっていた。

客観的にはエリートコースを進んだ何不自由ない生活のように見えたかもしれないが、内面はエゴイズムに毒され、心は狭く、暗い闇に閉ざされたような行き詰まりを感じていた。いわゆる白く塗った墓場であったのだ。

こんな時、私の友人が一冊の本を持ってきた。彼の兄が出版社にいて、その出版社から出た本で最近評判になっているという。これが今までもしばしば紹介した、あのＧＬＡの高橋信次氏の書いた本であった。

氏は当時、高電工業という、コンピューターの部品を作っている会社の社長さんであって、会社が急成長したため、大きなビルを建てようとしていたらしかった。ところが、この現世利益追求の思いに、突然神からの警告が下って、神の教えの普及伝道に専心するよう命令されたというのである。

それ以来、氏は講演や出版を通して、伝道普及活動を始められたのである。一年に十冊も本を出版するなど超人的な働きをされておられた。私も、その友人とＧＬＡに入会して氏のお話を何度も聞いた。このことについては今までもしばしば触れたので重複を避けようと思うが、氏の思想の根本は仏教に基づいていて、心の内省と八正道の実践にあった。

しかし特にユニークなのは、霊界の構造や転生輪廻の構造をかなり詳しく解明されていることである。例えば、霊は六体が兄弟のように深い関係で結ばれて一群をつくっていて、そのうちの一体を本体、他を分身と名付けている。この霊の兄弟のうち一体が地上に肉体を持てば、残りの五体は地上に肉体を持つことはできず、地上に降りた兄弟の行動を見守っているということである。これがいわゆる守護霊というものの正体だとのことである。

また転生輪廻の周期は、この霊の一群につき二千年であって、したがってその六分の一、つまり三百年強が一体についての平均的周期であるというのである。こうしたことが本当かどうか、我々には全く確かめる由もないが、氏にとっては自明の理として映るのかもしれない。

氏はまた、手かざしで病気を治したり、前にも述べたように、青年に憑いている悪霊を追い出したり、また講演のあとでよく行われたことだが、ミカエルとかガブリエルとか天上界の人々と会話をされておられた。この言葉は、確かにいまだかつて聞いたことのないものであったが、真に透き通ったきれいな言葉であった。

こうした氏の活動を目の当たりにして、私も霊界の存在や超能力を信ぜざるを得なくなった。最近では、霊界や超能力ブームでこの種のことを書いた本がやたらと出ているが、当時はまだ物珍しかった。

聖書には、イエスが悪鬼に憑かれた男の霊を豚に入れて、豚が走り去って海に飛び込んだなどという、いわゆる超常現象、つまり奇跡が多く述べられている。私は信次先生を見て、この現代にもイエスのような人が現れたかなと思っていた。実はＧＬＡの思想を受け継いだものが、大川隆法氏の「幸福の科学」である。大川氏の父親である善川という方は、かつてのＧＬＡの信者であったようだ。

エホバの証人との出会い

その後、私は筑波大学のほうに移ることになり、東京を離れてしまったのでＧＬＡともだんだん疎遠になってしまった。筑波大学では単身赴任の生活だったが、ある晩のこと、突然私の宿舎の部屋をエホバの証人の人が来て、「聖書のお話をしたいのですが」と言われた。若い青年であったが、その熱心さに打たれ、また私自身も多少とも聖書に関心があったので、お話を伺うことにした。こうして毎週一回、二時間ほど聖書の講義を受けたのである。

あとでわかったことだが、エホバの証人あるいは「ものみの塔」と呼ばれる団体はむろんキリスト教の一派で、聖書絶対主義とでも言うべき思想を持っている。聖書は神の言葉であり、旧約・新約一貫した内容を持っていて、これらはすべて神からの啓示を受けた人々によって書かれたものであるという。

むろん言葉というものは、それを受け取る人によって様々な解釈がなされ得るものだから、個人によって都合のいい解釈をされないように、エホバの証人独特の統一した解釈がなされている。おそらく幹部の人々が会議を開き、話し合ってその解釈を確定しているのだろう。

この宗教団体は二十世紀初頭に結成され、このような聖書解釈によって第一次世界大戦の勃発を予言したことで一躍有名になったと言われている。

この青年は実に聖書に詳しい人で、まさに聖書についての生き字引のような人であった。私が何か言うと、「あ！　それなら聖書のレビ記第三章五節に、こういう話があるのですが……」という具合に、何を話しても、すぐに聖書の中から関連する話を持ち出してくるのである。

私はこの青年から、旧約・新約の聖書全体がどのような構成になっているか、ということや、またその解釈によると、神の国の実現がこの地上に近いことなどを知らされた。

しかし、エホバの証人の解釈は聖書の言葉を文字どおりに取りすぎるきらいがある。一般的にもよく知られたことだが、彼らは輸血を拒否していることなど、一風変わった独自の人生観に固執している。しかし私が最も疑問に思うことは、エホバの証人では聖書のどこかに「死は無に帰す」という言葉があることから、「死ねばすべてがなくなる」という一見無神論的な解釈を絶対視している点である。つまり霊界を認めないのである。しかし、神の国がこの地上に実現したときには、今まで死んでしまった人々がすべて、元のままの肉体をもって生き返るというのである。これはどう考えても私には納得のいかない考えであった。

こうして、この青年の全くの無償な熱心な講義を約半年ほど聞いたのだが、彼は病気になってしまってお国の新潟に帰ってしまった。もともと身体もあまり丈夫でない上に、伝道にあまり熱心になりすぎたためだろう。彼は代わりに人を紹介してくれたのだが、この人はあまり熱心でなく、あるいは忙しかったためか、すぐに来なくなってしまった。

統一原理との出会い

それからしばらくたったころだった、忘れもしない一九八二年の暮れも迫ったころ、筑波大学芸術学群の女子学生で森長さんという学生が、やはり突然私の研究室に現れて、「先生は学生の精神教育に大変関心がおありだと聞いていますが、ぜひ先生に聞いていただきたい話があるのですが」といった意味のことを言ってきた。

筑波大学では教官と学生の人間関係を密にするという目的のために、新入生に対して「フレッシュマンセミナー」という教科が設定されている。そこでは専門的な学問とは全く関係のない場で、教官と学生とが人生経験や人生観、世界観や思想的な話を語り合ったり、あるいはテニスやバレーボールを一緒にやるなどして親密を増したり、教養を養ったり、かなり自由な雰囲気でいろいろなことがやられていた。

そこで私はいつも「若い青年期に人生の根本的意義について深く考えることが大切だ」などという話を学生にしていた。そのことをどこからか聞きつけて、この森長さんという学生がやって来たのだろう。私は別に断る理由もないので、「時間が空いているときなら、いつでも聞きますよ」と答えた。こうして、今考えればいわゆる原理研究会の学生寮で、その寮長である大竹さんという人のお話、つまり原理講義を聞かされることになったのである。

仕事が終わってそこへ行ったのが、ちょうど夕方の六時半ころだったか、早速いわゆる原理講義が始まったのである。その大竹さんという青年の、ものすごくエネルギッシュな講義が始まった。創造原理、堕落論、復帰原理と次から次へと、今までの常識とはおよそかけ離れた、しかし内容豊富な話が続いて、いつまでも終わろうとしない。

こちらはだんだん疲れてくるし、おなかもすいてくるし、早く終わらないかなどと低次元の思いに引きずられていくが、相手は、全くそんなことには無頓着に神の言葉を伝えようと、延々と講義を続けていく。やっと終わったのが多分十一時に近かったと思う。そして「先生！　講義のご感想はいかがでしたか」と感想文を書かされた。

これが統一原理というものに私が接したはじめであった。私の第一印象は、これは普通の常識とちょっと違う世界だな、というものだった。しかし、講師のものすごい情熱に打たれたし、内容的には私の頭の中は全く未整理であったが、その中で堕落論が強く印象に残ったし、何か確かな真理があること、しかしこれに導かれたら「汝らこの門に入りし者、すべての望みを捨てよ」という覚悟が必要なのではないかといったことを直観した。

森長さんに「今度はいつ来られますか」と聞かれたが、その時期はちょうどカリキュラム委員をやっていて超多忙な状態にあると答えると、「いつお暇になりますか」と言うので、来年の四月新学期になれば少し暇になると言って、それきりしばらくは私もそのことを忘れて、研究や雑用に追われていた。

こうしてちょうど一九八三年の四月末からの連休のころ、やはりその寮で今度は二日間ほどにわたって、向田講師という方の原理講義をお聞きした。これは本当に感動的なお話であった。特にイエス・キリストの生涯のあまりにも大きな悲劇と、その真の意義の原理的解釈を初めて知って、キリスト教に関する従来の疑問が一変に解消した気がした。これは、シュバイツァーやルナンあるいは矢内原氏など、いかなる聖書研究にもない画期的なものであった。

それ以来、私は『原理講論』をはじめとして、統一原理関係の雑誌や資料、文鮮明師の『み言集』など、片っ端から読みあさり、暇さえあればビデオセンターでビデオを見たりして、統一原理の思想を大方知り尽くしたつもりであった。

こうして例のフレッシュマンセミナーなどで、学生たちにも知らず知らずのうちに統一原理の話をしていたようであった。ちょうどそのころ赤旗に「筑波大学というところは、講義中に統一原理の宣伝をする教授（さすがに名前は載らなかったが）がいるようなひどい大学だ」といった意味の記事が載ったことがある。これを教会の人が読んで、「これは先生に違いない」ということで、教会の人から注意をされたことがある。私は統一原理の宣伝をしたのではなく、いろいろな考え方がある中で、このような新しい思想があるということを話したにすぎないので、心外であったが、マスコミの取り上げ方というのは真相が曲げられてしまう場合が多いことを、この時痛感した。

福田学長の思い出

実は筑波大学の当時の学長、福田信之先生は、文鮮明師の人格に触れて深く感銘を受けられた。先生はすぐに物事の本質を見抜く天才的な方で、自由闊達で物事にとらわれない方であった。専門は物理学でノーベル賞学者の朝永振一郎先生のお弟子さんであったが、大学が左翼学生によって蹂躙され崩壊寸前に至った状態を深く憂慮され、こうした状態を何とか改善しようとして、筑波大学という新しい大学を創設されたのである。

先生は口も八丁、手も八丁、強力な実力のある方であった。筑波大学の創設は結論の出ない会議会議の連続で、硬直した官僚機構による手段ではとうてい実行不可能であったに違いない。先生の、ある意味では強引な独裁的手段によらなければ、あの素晴らしい大学は創立できなかったのではないかと思われる。ついでながら、ずいぶん前のことだが、リクルートの行った「全国学生に対するアンケート調査」で筑波大学は、日本第二位であっ

た。（第一位は国際基督教大学）

　先生はいつも、今の日本の大学の学長は、全部無力である、力があるのは私だけだなどと高言しておられたが、事実に違いないので誰も文句が言えなかった。また、あらゆることに歯に衣着せぬ批判を浴びせておられたから、敵もずいぶん多かったようである。しかし陰で先生の悪口を言う人も、面と向かうと何も言えなくなってしまうのである。

　先生は「今まで私が一番偉いと思っていたが、私より偉い人物がいた。それが文鮮明師だ」とか「私は日本中から悪口を言われている。しかし文先生は世界中から悪口を言われている」とかいうことをずばりと発言する快男児であられた。

　こうして福田学長が、文先生の提案された世界平和教授アカデミーの会長になられた（第一期の会長は元立教大学総長の故松下正寿先生）。これは統一運動の一環として設立された、大学教授を中心とする関連団体で、全世界的なもので、学会を通じて世界平和に貢献することを目標としたものである。このためもあって、筑波大学にはこのアカデミーに所属している先生も多かった。私もむろんこのアカデミーに所属して、統一運動に文字どおり微力ながら協力しているのである。

　この統一運動を支持しておられる福田先生の存在は、我々にとってどんなに心強かったかわからない。しかし、その先生も亡き人となってしまった。全く残念なことである。

あとがき——統一原理の人類史的価値——

この本は、統一原理を紹介しようとしたものではあるが、その思想を体系的に述べたものではない。私の意図はむしろ、日本のインテリ層のほとんどが、その生活の指針としている現代合理主義の欠陥を暴き、その欠陥を克服した思想こそ、この統一原理であることを示そうとしたところにある。

したがって種々の思想や小説などからの引用が多く、そのため統一原理の焦点がややぼやけたのではないかという懸念もあるので、ここで統一原理をまとめておこうと思う。ここでのまとめの一こま一こまは、本文の随所で示した例示や話題によって裏付けられたものである。

神と人間の責任分担

まず統一原理というものは、ユダヤ教、キリスト教の流れを受け継ぐ一神教の思想である。これは唯一絶対でこの全宇宙を創造された神の実在を肯定し、しかもこの神は同時に愛の神であり、愛の対象として人類を創造され、その一人一人を親が子を愛するように、見守り導こうとされている、現実に生きた、いわゆる人格神として信奉するものである。

この点、アインシュタインなどのような科学者が考える、いわゆる理神論とはかなりかけ離れたものである。理神論の神観は、創造の神は信ずるが、現実の人間を愛をもって見守るなどという情的な面は考えない立場である。

ユダヤ教やキリスト教も、このような人間にかかわる愛の神を信ずることには変わりないが、統一原理の最も大きな特徴は、神の摂理は人間がその責任を果たさない限り、この地上には実現しないという原則である。つまり神と人間との共同作業によってのみ神の意図がこの地上に実現するという考えで、この点が従来の宗教、特にキリスト教とは根本的に異なると言ってもよいだろう。それだけ人間の責任が重く問われるのである。これが創造原理における大きな特徴である。

従来の宗教は、神の全能性を謳う余り、神の意志が実現しないはずはない、神がやろうとされることは必ず実現するという強い理念があった。これに対して統一原理は、人間の責任分担を強く主張する。神の意志をよく知っている人間が、その意志をこの地上に実現すべく努力しない限り、神の意志といえども実現しないのだと統一原理は説く。これはむしろ非宗教的な一般の世間常識に近いものでもあるが、一般の常識は、その裏にある神の意志を無視するところに問題がある。統一原理では、これをわかりやすく、神の責任分担が九五パーセント、人間の分担が五パーセントという表現を使っているのである。

朴普熙先生からお聞きしたこんな話がある。大洪水があって、ある信仰篤い人が一人丸太につかまって浮かんでいた。船に乗った数人の人が来て、何回か助けようとしたが、その人は「私は神が助けてくれるから大丈夫です」と言ってその人たちの助けを拒否した。ところがとうとう力尽きて死んでしまった。その人は霊界に行って神様に「なぜ助けてくださらなかったのですか」と詰問した。神様は答えられた。「私はあの船に乗った人たちを遣わして、あなたを何回も助けようとしたのに、あなたはそれを受け付けなかったではないですか」。

この話は例え話にすぎないが、しかし従来の宗教がこうした間違った神観に影響されていることは確かである。イエスの十字架が神の摂理であるというキリスト教の根本教義も、このような誤った考えからの結論であるということを本文では随所に強調しておいた。もう一つの例を挙げておこう。「クォ・ヴァディス」という映画であったと思うが、キリスト教徒たちがネロに捕らえられ、これから飢えた猛獣のいる広場に駆り出されようとしている場面である。そのときその中のある一人が、「神が必ず我々を助けに来るに違いない」とみんなに向かって叫んでいる。しかし神の助けはなく、彼らはみな無惨にも猛獣の餌食となるのである。このような現実があまりにも多いため、結局「神などは存在しない」という無神論に陥るのである。

この世と霊界

さて神が人間をどのように創られたかということを説いているのが創造原理であり、上記のようにその特徴は、人間の責任分担ということを重要視している点であるが、もう一つの特徴は、霊界に関することである。

現代合理主義・科学主義は霊界というものを一切認めようとしない（仮に文部科学省の科学研究費の申請書に「霊界の研究」と書いたとしたら、これは間違いなく却下される）。これに対して統一原理は、その存在をはっきりと主張し、人間は肉身が死んだのちはその霊人体が霊界に行くことを明記している。

上の科学研究費の例でわかるように、霊界ということが言及されただけで〝眉唾〟のレッテルが貼られ、真面目に取り扱おうとしないのが、現代の日本のインテリ層の常識である。そこで本文では、ニューサイエンスの話にかなりのページ数を割いた。ここでは現代の科学の最先端では、この問題をないがしろにできないこと、そしてこの問題を解明する科学的方法の基礎が少しずつではあるが、確実に確立しつつあることを述べた。おそらく二十一世紀には、これが科学における大きな比重を占めるようになるだろうと確信している。

また現代の常識とは逆に、ある宗教ではこの世の生活は問題にしないで霊界のみを重要視し、この世でどんな苦労をしてでも死んで天国に行くことのみを目指していると思われるものもある。キリスト教自身がその傾向を強くもっているとも言える。

しかし統一原理では、この地上の生活こそ霊界での生活の基礎となるべきものと説いている。ちょうど母親の胎内ではぐくまれた身体がこの地上生活の基礎となるように、この地上ではぐくまれた精神生活が霊界での生活（ここでは肉体がないから精神生活）の基礎となるという。地上の生活は有限であり、霊界の生命は永遠である。この永遠の生命を本当に豊かな喜びに満ちたものにするために、この地上の生活があると教えている。統一教会では葬式のことを「昇華式」と言って、黒ではなく白いネクタイをつける。つまりお祝い事と見るのである。つまり肉体の死、この世の終わりは精神の誕生、霊界の生活の始まりと考えている。

一般に宗教的思想の傾向として、この世を否定的に見たり、科学技術による物質的繁栄は人間性に反するものとして好ましく思わないような面があるが、統一原理はそのような消極的な思想は決して持たない。この世はむろん神の創造されたものであり、第三祝福としての万物主管に謳われているように、この地上での科学や学問や芸術の発展は最大限尊重する。これこそがまた、実は霊界の発展の基盤にもなり得るからである。

人類の堕落の恐ろしさ

さて神が人間を愛の対象として、神自身のように完全なものとなるべき存在として、喜びと感動の生を生きる存在として、創造されたのに、人間の現実の姿はとてもその本然の姿とは程遠い存在になっていることは、本文で繰り返し述べてきた。この点は誰も論を差し挟まないだろう。人類の現状をこれで良いと思っているような人は、よほどの呑気者か極楽とんぼと誹られても文句は言えまい。

この世の現状がひどいばかりではない。その必然の結果としてあの世でも、人類のほとんどが地獄であえいでいるという。通俗的仏教思想では、死ねばどんな悪人でも仏になるという安易な思い込みがあるが、事実はとてもそんな生易しいものではないのである。なぜそんな有様になってしまったか。これこそ統一原理の痛烈な思想、堕落論である。これは人類始祖エバの姦淫の罪から始まるものであった。

統一原理では何よりも、真理よりも善よりも、愛を重要視する。神は愛であり、人間も愛を中心に創造されたからであるという。その愛の基本こそ、男女の愛であり、これを基にして親子の愛、兄弟の愛、友人や社会への愛が育つのである。

しかしこの男女の愛は、他の愛と違って、一対一の夫婦の愛のみが許されているのであって、それ以外の男女の愛は断固として否定されるという厳しい規制が、神の定めであるというのが統一原理の主張である。これこそ、創世記にある「取って食べてはならない」という神の言葉である。そしてその禁を破った場合の罰は「死」である。「取って食べれば死ぬであろう」という神の言葉がそれを示している。

この死とは肉体の死ではなく、それよりもっと恐ろしい精神の死、つまり神からの離脱である。現在の人類の大多数は神から離脱している。これこそが原罪と呼ばれてしかるべきものである。しかしその恐ろしさに気づいてすらいない。

このことをキルケゴールは絶望という言葉で表し、「絶望は死に至る病である」と明言する。「もし君が絶望のまま生きてきたとしたら、よしその他の点で君が何を獲得しないし喪失したとしても、一切が君には喪失されてしまっているのである。永遠は君を受け入れない、永遠は君を知らないと言うのだ！　或いはもっと怖しいことには、永遠は君を知っている。君の知られている通りに君を知っている、――永遠は君の自己を通じて君を絶望のなかに釘づけにするのである」（『死に至る病』岩波文庫）。

何という怖ろしい言葉であろう。これは大罪を犯した犯罪者などに向けられたものではない。我々大部分の神から離脱した普通の人々に向けられた言葉なのだ。そう！　我々大多数は、人生の根本義に対する探求や、罪の意識すら持たずに、現実生活の中での自己の幸せのみを求めて生きている。こうした一般のむしろ善良な庶民に対して向けられている言葉なのだ。

キルケゴールだけがあまり極端に考えすぎているのだろうか。決してそうではない。人類の真実の姿を知っている人はみなこれと似たことを言っている。イエス・キリストも

「もしあなたの右の目が罪を犯させるなら、それを抜き出して捨てなさい。五体の一部を失っても、全身が地獄に投げ入れられない方が、あなたにとって益である。もしあなたの右の手が罪を犯させるなら、それを切って捨てなさい」（マタイ五・二九〜三〇）。「そのとき、わたしは彼らにはっきり、こう言おう、『あなたがたを全く知らない。不法を働く者どもよ、行ってしまえ』」（マタイ七・二三）。

統一原理もまた、人間の堕落の恐ろしさを強調し、神がそれをどんなに嘆かれたか、悲しまれたかを説き、その堕落からの復帰を懸命に訴える思想なのである。

人類は病んでいる。いや恐ろしい病におかされている。この認識を持たずに、政治や経済や教育や、その他何をやろうとしても、それらは砂上の楼閣であることを人々はもう気づかねばならないときである。

この病の徴候は、少なくても現在までは、潜在化していたのかもしれないが、イエス生誕後二千年の今日、いよいよ現実の世の随所に現れ出てきた。汚職や背任や、性倫理の荒廃や、青少年の凶悪犯罪やどこを見ても手の施しようがない。直接の責任者は何とか対症療法を施すが、まるでもぐらたたきのようで、こっちを片づければ、あっちに顔を出すといった始末である。こうして人々は政治にも教育にも信頼を失って、すべてを不信感をもって斜めに見るようになってきた。

しかし、このことは潜在化していた病が、表に出てきて気づかれるようになったのだから、むしろ喜ぶべき傾向だと言える。ただこの絶望を直す手段がなければ、絶望をいくら認識したとしても絶望のままで希望がない。まさにこの希望を与える鍵を握っているのが統一教会なのである。その鍵の、つまり救いに至る門こそが「復帰原理」である。

蕩滅復帰の路

この病、つまり原罪は人類始祖アダム・エバのサタンの誘惑による堕落の結果から起こったものだから、全人類に遺伝的に受け継がれている病である。そこで統一原理では、これを血統的な罪とも呼んでいる。

つまり現在の人類は、すべてサタンの血統にあり、そこから神の血統に生まれ変わるのでなければ、真の救いは得られないという。これは重生の思想で、ユダヤ教・キリスト教もその必要を説いている。第九章でも述べたように、イエスがニコデモに言われた新生である。

これはアダム・エバに代わる新しい人類始祖が出現して、その子女として生まれ変わった者のみが原罪から解放されるという考えである。そしてその新しい人類始祖こそメシヤと呼ばれる存在である。つまり重生の思想は必然的にメシヤ思想につながる。

さてメシヤによる重生といっても、それが容易なことではないのは、神が人間に与えた自由性と、それに対する神の不干渉の問題があるからである。人間は神の子であるということは、成長し完成すれば神と同等の立場に立ち得るということであり、それは自由な創造性を持つことを意味する。神が人間に干渉できない場合があるのは、この自由性を侵害してはならないからである。もし神が全面的に人間に干渉できるなら、それこそマインドコントロールによって人間の内面をすっかり変えて、この原罪という病を治してしまうこともできるだろう。しかしそうしたら、人間は神のロボットにすぎず、神の子としての自由性も創造性も完全に失われてしまう。

神は全能であるとは言っても、自らに課した法則を、それが物理的なものであれ精神的なものであれ、破ることはできない。物理法則も実に精妙にできていて、どんな物理定数でも、現在あるものよりほんのわずかに変わっただけでも全宇宙はバラバラになって存在し得なくなるという。神といえどもその法則に反して、例えば地球の自転を逆転させることはできないのである。それこそ、どんな盾も突き破る矛と、どんな矛にも突き破られない盾を作ることができないのと同じである。

この精神の法則の一つが、復帰原理の中の「蕩減復帰の原理」とも言うべきものである。これは原罪という罪を解消するための厳しい規則である。この原罪の中に埋もれた人類の中から、この厳しい蕩減復帰の原則に基づく、メシヤのための基台を少しずつ確立してくれた人々がいる。彼らはノアであり、アブラハム、イサク、ヤコブであり、モーセであり、またリベカ、タマル、マリヤである。そして、その基台のもとにようやくにして来られた方こそイエス・キリストであったのである。

これはまるで、人類の中の蚊の涙のような信仰の心を少しずつ少しずつ集めて、何とか一滴の水滴にしたような、貴重で困難な仕事であった。ちょうどキュリー夫人が何万トンという鉱石の中からほんの数ミリグラムのラジウムを抽出した仕事に似ていたのである(野村健二『統一原理とは』)。

こうした蕩減復帰の道こそ、人類の歴史そのものであると統一原理は見ている。統一原理の歴史観がそれである。この道を歩んだ人々がどんなに困難な道を歩み、信仰の糸を必死の思いで受け継いだかを統一原理は語っている。これを聞いて「よくぞやってくれた!」と、この一点で私は人類を信ずることができるのである。

しかし、このような貴重な存在である初代のメシヤたるイエス・キリストをユダヤ民族は、極悪人として十字架にかけてしまった。このことは第十一章で詳しく述べたとおりである。

イエスの肉体は十字架上で亡びたが、復活の摂理によってイエスは霊的救いを完成することができた。つまりイエスを信じ聖霊体験をした真のクリスチャンは霊界での救いが得られている、というのが統一原理のキリスト教観である。

人類は今どうすればよいか

イエスから現在までの二千年は、この救いの摂理が、ユダヤ民族という一民族から、世界的に拡大されたときであると見ることができる。この点本書では触れなかったが、『原理講論』あるいは、野村健二氏の『統一原理とは』に詳しく述べられている。

イエス生誕後二千年たった今こそ、イエスの使命を受け継ぎ、メシヤとして霊肉共に完全な救いをもたらすために来られた方こそ、文鮮明師ご夫妻である。

イエスがメシヤであることの証は、ここでは省略するが、実は統一原理では血統転換という深い理解によってその証を確立している。しかも文鮮明師がメシヤであることの証はどこにあるのか。

正直言って、その証明のための公の著書などはないだろうが（李氏朝鮮時代の中期の学者、南師古の記した、『格菴遺録』という予言書に、二十世紀キリストの再臨主が現れ、宗教を統一して千年王国を建てるという予言があるとのことだが、間接的には多少の証明になるかもしれないが）、おそらく後世、あらゆる点からこのことは証明されるであろう。

しかし、統一原理を信奉する人々は、文師がこの本に書いたような統一原理という思想体系をつくられ、聖書の中の多くの謎を解明され、また統一運動という大きな事業を世界的に進めておられる実情を見て、文師のメシヤ性を信ぜざるを得ないというのが本音であろう。また霊界からの直接の啓示を受けている人が多い。またイエスも「私がそれである」と言われたように、文師ご自分がメシヤであることを宣言されておられるのである。

またこの現代というときは、新約聖書の黙示録やマタイ福音書、ルカ福音書に述べられているような「終わりの日」なのである。これはこの世の終わりという意味ではなく、サタン支配の世の終わり、つまり神の国の始まりであると統一原理は見ている。現代の激動と混乱はまさに終わりの日の徴候である。この終わりの日こそ、メシヤの来られるときなのである。

イエスは「いちじくの木からこの譬えを学びなさい。その枝が柔らかになり、葉が出るようになると、夏の近いことがわかる」（マタイ二四・三二）と言われたが、我々も現代の様々な現象から終わりの日、メシヤの到来を悟らねばならない。これを敏感に察して、集い来た人々こそ統一教会の人々である。

二千年前、イエスは「神の国は近づいた。悔い改めて福音を信ぜよ」（マルコ一・一五）と荒野に呼ばわった。しかしこの言葉は二千年間おあずけされて、現在まさに、再臨のメシヤ文鮮明師によって全人類の上に鳴り響いている。

神の国は近づいている。私は日本の人々がこの時を逃さないように、さらには、イエスのときのように、メシヤを抹殺するようなことのないように、乞い願っている。もしそのようなことになれば、子々孫々に至るまで後悔を重ねることになると深く憂慮する。理想を言えば、すべての人が祝福を受け、原罪から解放されてほしい。統一原理を信じたり、教会員になったりしないまでも、この統一原理の主張に耳を傾けてほしいと願っている。

そうできない大きな理由として、一部の偏向したマスコミや弁護士、反対派の人々が主張するような、日本における様々な批判があることをも知っている。そして何人かの方々から、そのような反社会的団体に賛同する責任を問われたこともある。本書で、その一つ一つについて具体的に統一教会を弁護することはできないが、第十二章で紹介したような、最近出版された何冊かの本を読んでいただければ、統一教会というものが、現在の日本でつくられた反社会的という社会通念とは、およそかけ離れた存在であることがわかっていただけることだろう。

最後に、本書を書くに当たって、原稿の整理やいろいろと煩雑で欠かせない手配を尽くしていただいた向田順一氏、光言社書籍編集部の菅原進氏に深い感謝の意を表したい。

参考文献

〈第一章〉
『原理講論』光言社
『統一原理とは』野村健二、光言社
『統一教会の現象学的考察』ジョージ・D・クリサイディス、新評論社
『神学論争と統一原理の世界』魚谷俊輔、光言社

〈第二章〉
『こころ』夏目漱石
『カラマーゾフの兄弟』ドストエフスキー
『罪と罰』ドストエフスキー

〈第五章〉
『天界と地獄』スウェーデン・ボルグ、静思社

〈第六章〉
『反面教師アメリカ』村田孝四郎、河合出版

〈第七章〉
『豊饒の海』三島由紀夫、新潮社
『真実のサイババ』青山圭秀、三五館

『霊界を科学する』野村健二、恵美初彦、光言社
『科学は心霊現象をいかにとらえるか』ジョセフソン（茂木、竹内訳）、徳間書店
『臨死体験（上・下）』立花隆、文藝春秋社

〈第八章〉
『ニューサイエンスの世界観』石川光男、たま出版
『「超能力」と「気」の謎に挑む』天外伺朗、講談社
『ここまで来たあの世の科学』天外伺朗、祥伝社
『意識とは何か』苧阪直行、岩波科学ライブラリー
『波動の人間学』江本勝、ビジネス社
『波動の真理』江本勝、ＰＨＰ研究所
『新波動性科学入門』大橋正雄、たま出版
『還元主義を超えて』アーサー・ケストラー、工作舎
『気の人間学』矢山利彦、ビジネス社
『タオ自然学』フリッチョフ・カプラ、工作舎
『全体性と内蔵秩序』ディビッド・ボーム、青土社
『神がつくった究極の素粒子』レオン・レーダーマン、草思社
『はじめての〈超ひも理論〉』川合光、講談社

〈第九章〉
『神の沈黙と救い』野村健二、光言社
『イエスの福音とパウロの福音』野村健二、光言社

『沈黙』遠藤周作、新潮文庫

〈第十章〉
『イエスの生涯』遠藤周作、新潮文庫
『キリストの誕生』遠藤周作、新潮文庫
『旧約聖書物語』犬養道子、新潮社
『新約聖書物語』犬養道子、新潮社
『キリスト教入門』矢内原忠雄、角川選書
『新約聖書入門』三浦綾子、光文社

〈第十二章〉
『証言（上・下）』朴普熙、世界日報社
『世界最強の新聞』戸丸廣安、光言社
『神の代辯者』田井友季子、世界日報社
『生きることの意味』高史明、筑摩書房
『文鮮明・思想と統一運動』福田信之、M・カプラン
『地球村をめざして—文鮮明・思想と統一運動Ⅱ』福田信之、小山田秀生共編、光言社

〈あとがき〉
『創世記の科学』野村健二、世界日報社
『ついに解明された一九九九年』高坂満津留、光言社

【著者略歴】

佐藤良夫

1929年、東京に生まれる。
1953年、東京大学工学部応用数学科を卒業後、アジア太平洋研究センター（旧・早稲田大学システム科学研究所）教授、筑波大学社会工学系教授、日本大学生産工学部数理工学科教授を経て、現在、筑波大学名誉教授。その間に、「統一原理」に出会い、その歴史的な価値を強烈に認識する。以来、その研究に努め、世界平和教授アカデミーの会員として活躍した。

現代思潮における統一原理の価値
——その今日的検証——

2007年10月10日　初版第１刷発行

著　者　佐藤良夫
発　行　株式会社　光　言　社
〒150-0042　東京都渋谷区宇田川町37-18
印　刷　株式会社　ユニバーサル企画

ISBN978-4-87656-132-2